동화 로 배우는 Level up!
프랑스어

박미선(Emma), Morgane Reclus 지음

S 시원스쿨닷컴

동화로 배우는
Level up! 프랑스어

초판 2쇄 발행 2022년 11월 15일

지은이 박미선(Emma), Morgane Reclus
펴낸곳 (주)에스제이더블유인터내셔널
펴낸이 양홍걸 이시원

홈페이지 www.siwonschool.com
주소 서울시 영등포구 국회대로74길 12 남중빌딩 시원스쿨
교재 구입 문의 02)2014-8151
고객센터 02)6409-0878

ISBN 979-11-6150-569-5
Number 1-520202-12121707-04

Bonjour à tous !

프랑스에 도착해 알베르 카뮈의 원서를 처음 읽었던 때가 생생히 떠오릅니다. 낯선 단어가 많아 완독하는 데 적잖은 시간이 걸렸지만, 읽고 나서 정말 큰 도움이 됐어요. 그때의 기억을 떠올리며 <동화로 배우는 프랑스어>를 만들게 되었습니다.

<동화로 배우는 프랑스어>는 문법 구조를 어느 정도 익힌 중급 레벨의 학습자를 위한 교재입니다. 그러나 쉽고 재밌게 배우며, 학습에 대한 부담을 없애는 것에 중점을 두었어요. 초보 레벨을 지나면 학습자 대부분이 어려운 텍스트로 공부하는 것에 피로를 호소하곤 하죠. 이 교재가 재미를 잃고 학습 의욕이 저하되신 분들에게 큰 도움이 되리라 믿어 의심치 않습니다.

재밌고 알차게 프랑스어 배우기 step 4

❶ 널리 알려진 프랑스 명작 동화를 원서로 읽으며 일상생활에서 빈번하게 쓰이는 어휘들을 습득하기.

❷ 한국어로 잘 알고 있는 동화 속 문장들이 프랑스어로는 어떻게 표현될지 알아보며 다시 한번 감동 느끼기.

❸ 동화 속 어휘들에 대한 상세한 설명과 유의어를 배우고 디테일한 문법까지 챙기기.

❹ 프랑스 원어민 선생님의 목소리로 요약 설명을 듣고 십자말풀이로 재밌게 복습하기.

어렵게 생각하지 마세요. 재미있고 쉽게 프랑스어 고급 레벨까지 나아갈 수 있습니다.

원어로 된 프랑스어 소설을 읽어 보고 싶다는 로망은 누구에게나 있기 마련이죠. 명작 동화를 통해 프랑스어의 아름다움을 느끼며 그 첫걸음을 시작해 보세요.

감동과 재미뿐만 아니라 프랑스어 실력까지!
어렵고 두려워서 망설이고 계셨다면

지금 바로 시작하세요

저자

Emma

목차

오늘의 줄거리

그림을 보면서 동화 줄거리를 생각해 보는 '미리 보기' 단계입니다. 아는 동화라면 줄거리가 맞는지 확인해 보고, 처음 접하는 동화라면 어떤 사건들이 발생할지 상상해 보세요!

오늘의 주요 문장 미리 보기

동화 속 주요 문장들을 훑어 보는 '미리 보기' 단계입니다. 핵심 문장들을 보면서 오늘 배울 중요한 내용이 무엇인지 살펴보세요.

동화 속으로

한 편의 동화를 원어민의 음성 파일을 들으며 따라할 수 있습니다. 원어민의 정확한 발음을 듣고 따라한 뒤, 섀도잉까지 하면 프랑스어 레벨업!

Vocabulaire & Tip

동화 속 어휘 및 문법 중 중요한 것만 추려 보기 좋게 정리했습니다. 필수 어휘 및 문법을 꼼꼼하게 확인하세요.

특별 부록

프랑스어 명작 동화 미니북입니다. 간편하게 들고 다니며 언제 어디서나 꺼내 보며 학습할 수 있습니다.

마무리하기

다양한 유형의 문제를 풀면서 오늘 학습한 내용을 정리할 수 있습니다. 틀린 문제를 중심으로 보완할 점을 파악해 보세요.

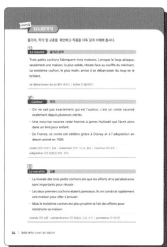

더 나아가기

한 편의 동화가 끝날 때마다 Résumé를 수록했습니다. 동화를 요약한 줄거리와 작가 및 동화를 통해 얻을 수 있는 교훈을 프랑스어로 제시해 프랑스어 실력을 보다 향상시킬 수 있어요. 또한 마지막 십자말풀이로 프랑스어를 재미있게 공부할 수 있어요.

[동화로 배우는 Level up 프랑스어], 저자 직강으로 공부할 수 있어요!

시원스쿨 프랑스어 홈페이지에서 Emma 선생님과 Morgane 선생님의 더블 티칭 강의를 만나 보세요!

1. 단순 과거

1 단순 과거의 용법

단순 과거는 과거에 일어난 일회적 사실, 과거에 시작되어 이미 끝나 현재와 관련이 없는 사실을 나타낼 때 사용됩니다.

*과거의 일회적이고 완료된 사건을 표현한다는 측면에서 복합 과거와 해석이 유사하지만, 단순 과거는 일상생활에서는 잘 쓰이지 않으며 문어체에서 사용된다는 특징이 있습니다. (문학 작품, 역사서, 신문 기사 등에서 주로 사용)

2 단순 과거의 형태: 단순 과거의 형태는 크게 4가지로 나뉩니다.

jurer		finir		être		venir	
Je	jurai	Je	finis	Je	fus	Je	vins
Tu	juras	Tu	finis	Tu	fus	Tu	vins
Il	jura	Il	finit	Il	fut	Il	vint
Nous	jurâmes	Nous	finîmes	Nous	fûmes	Nous	vînmes
Vous	jurâtes	Vous	finîtes	Vous	fûtes	Vous	vîntes
Ils	jurèrent	Ils	finirent	Ils	furent	Ils	vinrent

① 1군 규칙 동사와 aller 동사(-er)의 어미 변형: -ai, -as, -a, -âmes, -âtes, -èrent (ex. jurer 동사)
② 2군 규칙 동사와 일부 3군 동사의 어미 변형: -is, -is, -it, -îmes, -îtes, -irent (ex. finir 동사)
③ 3군 동사 일부 어미 변형: -us, -us, -ut, -ûmes, -ûtes, -urent (ex. être 동사)
④ 3군 동사 중 venir, tenir와 그 파생 동사들의 어미 변형: -ins, -ins, -int, -înmes, -întes, -inrent (ex. venir)

*3군 불규칙 동사의 단순 과거 시제 형태는 동사 원형을 보고 어미를 예측하는 것이 쉽지 않습니다. 게다가 일상생활에서 말로 표현할 일이 적기 때문에, 모든 동사 변형을 외우는 것보다는 단순 과거 시제를 사용한 새로운 동사가 등장할 때마다 학습하는 방법을 추천합니다.
ex. Louis XIV mourut en 1715. 루이 14세는 1715년에 죽었다. (mourir 동사의 단순 과거)

2. 현재 분사

영어의 ~ing와 유사하며, 주로 '~하는'으로 해석합니다.

1인칭 복수 (nous) 동사 변형 어간	+ ant

1 현재 분사의 형태

① 현재

1군 parler	Nous parlons	parlant
2군 finir	Nous finissons	finissant
3군 partir	Nous partons	partant

[주의] 대명 동사의 경우 재귀 대명사는 주어에 따라 알맞게 변화시킵니다.

<se lever> **Nous nous levons → se levant**
↓
(me, te, se, nous, vous)

- 1인칭 복수 동사 변형 어간이 아닌 다른 어간을 취하는 경우 - 3종

être	Nous ~~sommes~~	→ étant
avoir	Nous ~~avons~~	→ ayant
savoir	Nous ~~savons~~	→ sachant

② 현재 분사 복합형 (과거)

Ayant	+ 과거 분사(p.p)
Étant	

: 복합 과거 만드는 원리와 동일

㉠ ayant + **대부분의 동사 (p.p)**

　　parlé, fini, vu, pris ...

㉡ étant + **이동 동사 (p.p)**

　　allé(e)(s), parti(e)(s), venu(e)(s) ...

　s'étant + **대명 동사 (p.p)**

　　(m', t', s', nous, vous) levé(e)(s), lavé(e)(s), endormi(e)(s) ...

2 현재 분사의 용법

① 관계 대명사 qui 절을 대신함: 꾸며 주는 명사 뒤에 위치하며 성수 일치시키지 않습니다.

Le loup hurlant de douleur se précipite vers la porte et s'enfuit au fond des bois.
– 아기 돼지 삼 형제 2강 中
(= Le loup qui hurle de douleur se précipite vers la porte et s'enfuit au fond des bois.)

② **상황 보어로서의 종속절:** 시간, 이유, 양보, 조건을 나타내며, 주절의 주어와 같을 경우 사용합니다.

> **Il pointe son fusil dans sa direction puis** réfléchissant **à ce geste abject dit.**
> – 백설 공주 5강 中

③ **절대 분사절:** 주절의 주어와 다른 독자적인 주어를 취하면서 상황 보어 종속절과 같은 기능을 합니다.

> **De toute manière, une fois la porte** (étant) refermée, **Barbe bleue ne saura jamais que**
> **j'ai ouvert cette porte. (절대 분사절) (= une fois que la porte** est refermée**)**
> – 푸른 수염 19강 中

④ **제롱디프**

- 주절의 주어와 시제가 동일한 경우에만 사용합니다. 구어체에서도 많이 사용되며, 동시성, 시간, 이유, 양보, 조건을 나타냅니다.

en	+ 현재 분사(-ant)

> **En entendant** les cris du Petit Chaperon Rouge,
> **un chasseur passant par là, se précipite dans la maison.**
> – 빨간 모자 16강 中

3. 과거 분사절

1 과거 분사절의 형태

étant + p.p 혹은 ayant été p.p에서 étant이나 ayant été를 생략하고 p.p(과거 분사)만 사용

2 과거 분사절의 용법

① **이동 동사(자동사)의 과거 분사:** 복합 과거에서 조동사(étant)가 삭제된 형태, 완료의 의미를 가집니다.

> **Enfin** (étant) arrivée, **elle frappe à la porte de la maison.** (Quand elle est arrivée)
> – 백설 공주 5강 中

> **À peine la reine** (étant) partie, **Blanche-Neige croque dans la pomme et tombe**
> **inanimée.** (À peine la reine est partie) **(절대 분사절)**
> – 백설 공주 6강 中

② **타동사의 과거 분사:** 수동태 과거 시제 문장에서 'ayant été'가 삭제된 형태, 수동의 의미를 가집니다.

현실을 주관적으로 나타내는 표현으로, 사실이 아닌, 머릿속에서 이루어지는 생각을 나타냅니다.

(직설법: 사실을 객관적으로 나타냄)

1 접속법의 형태 (접속법 현재)

(직설법) 현재 시제 3인칭 복수 (Ils) 어간	+ 접속법 어미

* nous, vous 변형은 반과거 형태와 동일

Je	**<3인칭 복수 어간>**	-e
Tu	1군: parl-	-es
Il / Elle	2군: finiss- 3군: part-, sort-	-e
Nous		-ions
Vous	**<불규칙한 경우>** 1. nous/vous 어간 불규칙	-iez
Ils / Elles	2. 어간이 3인칭 복수 어간이 아닌 경우	-ent

① 1, 2, 3군 기본형

Ils	parlent	finissent	partent
Je	parle	finisse	parte
Tu	parles	finisses	partes
Il / Elle	parle	finisse	parte
Nous	parlions	finissions	partions
Vous	parliez	finissiez	partiez
Ils / Elles	parlent	finissent	partent

② nous/vous 어간 불규칙 - 1군 변칙 동사, 3군 불규칙 동사

Ils	appellent	boivent	prennent
Je (J')	appelle	boive	prenne
Tu	appelles	boives	prennes
Il / Elle	appelle	boive	prenne
Nous	appelions	buvions	prenions
Vous	appeliez	buviez	preniez
Ils / Elles	appellent	boivent	prennent

③-1 (직설법) 현재 시제 3인칭 복수 (Ils) 어간을 사용하지 않는 경우

Ils	~~peuvent~~	~~font~~	~~savent~~
Je	puisse	fasse	sache
Tu	puisses	fasses	saches
Il / Elle	puisse	fasse	sache
Nous	puissions	fassions	sachions
Vous	puissiez	fassiez	sachiez
Ils / Elles	puissent	fassent	sachent

③-2 (직설법) 현재 시제 3인칭 복수 (Ils) 어간을 사용하지 않는 경우 + nous/vous 어간 불규칙

Ils	~~vont~~	~~veulent~~
Je (J')	aille	veuille
Tu	ailles	veuilles
Il / Elle	aille	veuille
Nous	allions	voulions
Vous	alliez	vouliez
Ils / Elles	aillent	veuillent

④ 완전 불규칙

Ils	~~sont~~	~~ont~~
Je (J')	sois	aie
Tu	sois	aies
Il / Elle	soit	ait
Nous	soyons	ayons
Vous	soyez	ayez
Ils / Elles	soient	aient

2 접속법의 용법

① que 종속절에 사용

a. 기원, 희망 동사: vouloir, aimer, désirer, souhaiter
b. 감정 동사나 표현: être content, être triste, avoir peur, craindre
c. 주관적 판단을 나타내는 동사: trouver + 형용사(bien, dommage, normal...)
d. 요청, 수락, 금지 동사: demander, accepter, interdire, refuser, donner un ordre

Le roi donne alors l'ordre que des vêtements soient donnés au marquis.
– 장화 신은 고양이 23강 中

② 상황절에서 사용: 목적, 시간, 조건, 대립, 양보, 이유

a. 목적: pour que, afin que, sans que
b. 시간: avant que, jusqu'à ce que, en attendant que
c. 조건: à condition que, à moins que
d. 대립: bien que, quoique
e. 양보: quoi que, qui que, où que, quel que
f. 이유: de peur que, de crainte que

Construisez votre maison, mais prenez garde à ce qu'elle soit bien solide
pour que le grand méchant loup ne puisse pas entrer vous dévorer.
– 아기 돼지 삼 형제 1강 中

③ 관계사절에서 사용

a. 선행사가 불확실한 경우(의도에 따라 선택적으로 접속법 사용)

J'aimerais avoir une fille qui ait le teint blanc comme la neige
et les cheveux noirs comme les ailes de corbeau.
– 백설 공주 4강 中

b. 최상급이나 유일한 것을 나타내는 표현을 수식하는 경우
le plus, le moins, le meilleur, le mieux, le pire, le seul, le premier, le dernier...

On se moque de lui, en le traitant des pires insultes qu'un caneton puisse entendre.
– 미운 오리 새끼 9강 中

④ 독립절에서 사용: 희망, 명령을 표현

Que Dieu vous bénisse !

5. 대과거

특정 과거의 일보다 더 이전에 일어난 일을 나타낼 때 사용합니다. (복합 과거, 반과거 시제보다 앞선 시기) 주로 '(더 이전에) ~했다'로 해석하며, 영어의 had + p.p와 유사합니다

1 대과거의 형태

avoir 동사 반과거 형태	+ 과거 분사 (p.p)
être 동사 반과거 형태	

① avoir 동사 반과거 + 대부분의 동사 p.p

J'	avais		
Tu	avais		
Il/Elle	avait	+	regarder → regardé finir → fini boire → bu prendre → pris
Nous	avions		
Vous	aviez		
Ils/Elles	avaient		

Ce sont toutes les anciennes épouses de Barbe bleue qui
avaient disparu l'une après l'autre.
– 푸른 수염 19강 中

② être 동사 반과거 + 이동 동사 p.p

J'	étais		
Tu	étais		
Il/Elle	était	+	aller → allé partir → parti venir → venu arriver → arrivé
Nous	étions		
Vous	étiez		
Ils/Elles	étaient		

[주의] 주어에 성수 일치

③ être 동사 반과거 + 대명 동사 p.p

Je	m'	étais		
Tu	t'	étais		
Il/Elle	s'	était	+	levé couché lavé
Nous	nous	étions		
Vous	vous	étiez		
Ils/Elles	s'	étaient		

[주의] 대명 동사의 과거형에서 과거 분사의 성수 일치

: 재귀 대명사가 직접 목적어(COD) 역할을 하는 경우 성수 일치시키지만, 간접 목적어(COI) 역할을 하는 경우 성수 일치
시키지 않음. (복합 과거 시제와 대과거 시제 모두 동일한 규칙 적용)

동화로 배우는

Level up!

프랑스어

명작 동화 미니북

Ⓢ 시원스쿨닷컴

아기 돼지
삼 형제

Les Trois Petits Cochons

Il était une fois trois petits cochons qui vivaient avec leur maman dans une petite maison. Un jour, la maman explique à ses enfants qu'ils étaient maintenant grands et qu'ils devaient habiter par eux-mêmes.

« Construisez votre maison, mais prenez garde à ce qu'elle soit bien solide pour que le grand méchant loup ne puisse pas entrer vous dévorer. »

Les petits cochons s'en vont construire leur maison. Le premier cochon construit sa maison avec de la paille, le deuxième avec du bois et le troisième avec des briques. Cependant un méchant loup les guettait caché derrière un arbre.

« Qu'ils ont l'air appétissant. Lequel vais-je manger en premier ? Je vais commencer par le moins malin, celui avec la maisonnette en paille ! »

Il frappe à la porte.

« Toc, toc, toc, ouvre la porte, gentil petit cochon ! »

« Non, non, jamais je ne te laisserai entrer ! »

« Eh bien, je soufflerai, et ta maison s'envolera ! »

Le loup souffle, souffle, et toute la paille s'envole. Alors le petit cochon, court aussi vite qu'il peut et se réfugie chez son frère dans la maison de bois.

Le loup bien décidé à manger un porcinet toque de nouveau à la porte.

« Toc, toc, toc, ouvre la porte, gentil petit cochon ! »

« Non, non, jamais je ne te laisserai entrer ! »

« Eh bien, je soufflerai, et ta maison s'écroulera ! »

Le loup souffle, souffle, et la maison de bois s'écroule.

Alors les deux petits cochons, courent aussi vite qu'ils peuvent et se réfugient chez leur frère dans la maison de briques.

De nouveau le loup arrive et dit : « Petits porcelets, laissez donc moi entrer ! »

« Non, non, jamais je ne te laisserai entrer ! »

« Eh bien, je soufflerai, et ta maison s'effondrera ! »

Alors il souffle encore et encore, mais la maison de briques ne bouge pas. Le loup furieux mais malin décide de passer par la cheminée. Il monte sur le toit et commence à descendre par la cheminée. Le troisième petit cochon, qui était le plus rusé, allume un grand feu de bois dans la cheminée et y laisse bouillir un chaudron rempli d'eau. Quand le loup descend dans le conduit, il tombe directement dans l'eau bouillante ! Le loup hurlant de douleur se précipite vers la porte et s'enfuit au fond des bois. Depuis, les trois petits cochons n'ont jamais revu ce méchant loup.

백설 공주

Blanche-Neige

Il était une fois, une reine enceinte qui par la fenêtre admirait la neige tomber dehors.

« J'aimerais avoir une fille qui ait le teint blanc comme la neige et les cheveux noirs comme les ailes de corbeau. »

Lors de la naissance, le vœu de la reine fut exaucé mais malheureusement elle décéda peu de temps après. Au bout d'un an, le roi se remaria.

La nouvelle reine était très belle, mais son cœur était froid comme de la glace. Tous les jours elle se mirait dans son miroir magique et demandait : « Oh miroir, mon beau miroir, qui est la plus belle du royaume ? »

Et chaque jour le miroir magique lui répondait : « Reine, à ce jour, vous êtes la plus belle de ce royaume. »

Les années passent, Blanche-Neige grandit et la reine vieillit. Comme chaque jour, la reine demande : « Oh miroir, mon beau miroir, qui est la plus belle ? »

Et le miroir répond : « Reine, à ce jour, Blanche-Neige est la plus belle du royaume. »

Jalouse, la reine rentre dans une colère noire et décide d'engager un chasseur.

« Emmène Blanche-Neige dans la forêt, tue-la et rapporte-moi son cœur en preuve. Je serai alors de nouveau, la plus belle de ce royaume. »

Le chasseur écoute la reine et emmène la princesse au fond des bois, il pointe son fusil dans sa direction puis réfléchissant à ce geste abject dit : « S'il vous plaît Blanche-Neige, fuyez loin et ne revenez jamais

동화로 배우는 Level up! 프랑스어

dans ce royaume, ou je serai obligé de vous abattre. Courez maintenant, partez vite ! »

La princesse s'enfuit alors en courant aussi loin que ses jambes peuvent la porter. Le chasseur, lui, tue une biche et rapporte son cœur à la méchante reine.

Blanche-Neige, désorientée, trouve une petite chaumière au fond des bois. Elle frappe à la porte mais personne ne répond. Elle pousse alors la porte qui est ouverte et entre. Elle trouve une jolie maison, avec sept chaises autour d'une table, et sept lits à l'étage. Épuisée par sa course dans la forêt, elle s'endort dans un des petits lits.

« Mais qui est-ce ? » demande une voix.

« Mais que fait-elle ici ? » demande un autre.

Blanche-Neige se réveille surprise de voir sept petits nains. Elle raconte alors son histoire à ces petits bonhommes.

« Si tu le souhaites, tu peux rester ici, autant de temps que tu le veux. » dit un petit nain et les autres acquiescent.

Les nains vont travailler chaque jour du matin jusqu'au soir. Pendant ce temps-là, Blanche-Neige reste à la maison, prépare le repas et fait le ménage. Blanche-Neige n'est pas heureuse de cette vie cloîtrée dans cette maisonnette. Pendant ce temps, la méchante reine comme chaque jour demande à son miroir :

« Oh miroir, mon beau miroir, qui est la plus belle de ce royaume ? »

« À ce jour, c'est encore Blanche-Neige la plus belle ! »

répond-il.

« Mais comment est-ce possible, je la croyais morte ! »
se fâche la reine.

Un jour, une vieille femme avec un panier plein de
belles pommes rouges toque à la porte.

« Je suis une vieille marchande, je vends mes
pommes de maison en maison. Mais tu es si belle, je
t'en donne une en cadeau. » dit la vieille.

« Que vos pommes sont belles et appétissantes ! »
répond Blanche-Neige.

Elle prend la pomme que lui tend la grand-mère. Elle
ne se doute pas un instant que cette marchande n'est
autre que la méchante reine qui s'est déguisée. À
peine la reine partie, Blanche-Neige croque dans la
pomme et tombe inanimée.

Lorsque les nains arrivent, ils la trouvent sur le sol,
et pensent qu'elle est morte. Alors pour lui rendre
un dernier hommage, ils construisent un cercueil en
verre. Les nains pleurent à chaudes larmes autour de
leur princesse bien-aimée quand un prince passe par
là et entend les sanglots.

« Je n'ai jamais vu une princesse aussi belle. Puis-je
lui donner un dernier baiser pour lui dire adieu ? »

Les nains acquiescent. Le prince se penche sur
Blanche-Neige et pose ses lèvres sur les siennes.
À ce moment-là, la princesse tousse et recrache un
morceau de pomme empoisonnée. Blanche-Neige
respire à nouveau et ouvre les yeux. Elle tombe
amoureuse immédiatement de ce beau prince. Ils

se marièrent et furent très heureux. Quant à la reine, lorsqu'elle apprit tout cela par son miroir, en mourut.

미운 오리 새끼

Le Vilain Petit Canard

Par un beau jour de printemps, une cane couve ses œufs à côté d'un étang. Un matin, elle entend un petit bruit qui vient d'un œuf : « Pip ! Pip ! »

Un tout petit caneton sort de son œuf en cassant sa coque. Suivi alors tous les autres œufs, bientôt une douzaine de petits canetons se câlinent à leur maman.

« Que vous êtes beaux, quelle joie de vous voir ! » dit la cane. Cependant un œuf, plus gros que les autres n'a pas encore éclos.

« Mais que se passe-t-il avec celui-ci ? » se demande la cane.

Quelques jours plus tard, ce dernier œuf éclos, un petit oiseau chancelant en sort. Tous les canetons et leur maman l'observent.

« Qu'il est laid ! Jamais je n'ai vu un tel caneton ! » s'exclame la mère. La mère doute que ce petit laideron survive.

« Peut-il au moins nager ? » se demande-t-elle. Elle le pousse à l'eau et est surprise de le voir si bien nager, même mieux que les autres canetons.

« Je vais vous présenter les autres animaux de la ferme, mais attention au chat, ou il vous dévorera ! »

Tous les petits se présentent aux animaux. Mais chaque fois que le dernier se présente, il y a toujours la même réaction : « Qu'il est affreux ! Mais qu'est-ce donc ? »

« Comment osez-vous, quand il sera grand il sera très beau et il nage bien mieux que ses frères et sœurs ! » répond la cane.

Plus les jours passent et moins il ressemble à sa couvée. Chaque fois qu'il croise le chemin d'un animal, on se moque de lui, en le traitant des pires insultes qu'un caneton puisse entendre.

Un jour, le petit caneton en a assez et décide de fuguer, loin de cette basse-cour. Lorsqu'il se réveille au petit matin, des canards sauvages l'entourent.

« Nous n'avons jamais vu un canard aussi vilain ! Tu peux rester ici, mais ne t'avise pas de nous suivre. »

Le caneton est alors bien solitaire, et pleure à chaudes larmes. Il aperçoit des chiens qui aboient et des chasseurs courant vers lui, armés de fusils menaçants. Le petit canard se cache dans les roseaux, tremblant de peur que les humains le trouvent.

Ce soir-là, le vent souffle très fort et la neige tombe de plus en plus. Le petit caneton trouve un abri dans une cabane. Il se glisse à l'intérieur mais y rencontre un chat, une poule et une fermière.

« Peux-tu pondre ou attraper les souris ? » demande la fermière.

« Non, je suis un canard. » répond-il.

« Alors sors d'ici ! »

Il part alors, et marche dans le froid. Il trouve alors un lac.

Le printemps arrive et les rayons du soleil réchauffent le petit canard. Il aperçoit de beaux oiseaux blancs voler au-dessus de lui qui se posent un peu plus loin. Les beaux cygnes viennent vers lui. Le canard pensant qu'ils allaient l'attaquer voulu baisser la tête et vit alors son propre reflet dans l'eau. En se mirant dans l'eau il s'aperçoit qu'il n'est plus ce laid caneton mais un beau cygne blanc comme ces autres oiseaux qui viennent le saluer. Il est alors heureux de pouvoir enfin être fier de lui et d'avoir trouvé sa famille.

CONTE
4

인어 공주

La Petite Sirène

Il était une fois un roi dont le royaume se situait au fond de la mer, et qui s'étendait sous les vagues, parmi les coraux et les algues. Ce roi avait six filles. Ils vivaient tous ensemble dans un magnifique palais fait de coquillages nacrés. La reine était malheureusement morte et c'était la grand-mère qui s'occupait des filles. La cadette était la plus belle avec une chevelure magnifique et une queue aux reflets turquoise et argentés.

Chaque soir, la grand-mère leur lit des histoires parlant d'un royaume qui se trouve sur la terre et où les personnes ont, non des queues, mais des « jambes ». La plus jeune sirène est la plus curieuse.

« Je veux voir ce fabuleux royaume ! » demande-t-elle.

« Le jour de tes 15 ans, tu monteras à la surface de la mer, et tu pourras observer ce peuple. » promit la grand-mère.

Les années passent et c'est au tour de la plus jeune, de monter voir le royaume des humains. Au coucher du soleil, elle émerge des flots et aperçoit un magnifique navire. Elle est éblouie par cet objet.

Quand elle est sur le point de replonger, un prince apparaît sur le pont du bateau.

« Je n'ai jamais vu un homme si beau ! » pense-t-elle.

La nuit, un vent terrible se lève, et une tempête violente fait chavirer le vaisseau. Alors que le navire coule dans les flots, la petite sirène remarque le prince qui se débat dans les vagues. Soudain, celui-ci perd conscience. La petite sirène, qui observe la scène de loin, va le secourir, garde la tête du prince hors de l'eau et le dépose sur la plage en sécurité.

Au petit matin, la princesse du royaume voisin aperçoit le prince étendu sur la plage et vient à son secours. La petite sirène qui s'était alors cachée derrière un rocher, a eu le cœur serré en pensant que plus jamais elle ne reverrait ce beau capitaine.

« Tous les jours, je monterai à la surface de l'océan et viendrai me cacher ici. Avec un peu de chance, je le verrai. » pense la petite sirène, pleine d'espoir.

Quelquefois, seulement, elle l'aperçoit se promener sur la plage ou le fort du château accompagné d'une princesse qui est prise à tort pour la sauveuse. La petite sirène est de plus en plus triste de devoir se contenter de l'épier ainsi. Elle décide alors de consulter la sorcière des mers.

« Je sais pourquoi tu es venue, petite. » dit-elle en ricanant.

« Tu es amoureuse de ton prince et tu veux le rejoindre au royaume des humains. Je peux si tu le souhaites transformer ta queue en jambes mais, il y a un prix à payer ! »

« Quel que soit le prix, je le paierai. » jure-t-elle.

« Je te donne des jambes mais je te prends ta jolie voix. Et si le prince ne t'aime pas d'un amour sincère, alors tu te transformeras en écume de mer et disparaîtras à jamais. »

« Je l'accepte ! » répond la petite sirène.

La sorcière lui confie alors une fiole avec une potion magique. La petite sirène se dirige vers la plage et une fois arrivée, boit cette fiole au goût amer. Sa nageoire se transforme en deux jambes comme par magie. Le prince qui se promène alors sur la plage l'aperçoit.

« Comment t'appelles-tu ? » demande-t-il.

La sirène essaie de répondre mais aucun son ne sort de sa bouche. Ils se baladent longtemps ensemble, la petite sirène est éperdument amoureuse de son prince. Malheureusement, le prince considère que la petite sirène n'est qu'une bonne amie. Il ne sait pas que c'est elle qui lui a vraiment sauvé la vie.

Le prince laisse la pauvre sirène muette vivre dans son château. Comme ils passent plus de temps ensemble, l'amour de la petite sirène pour le prince s'approfondit et son chagrin grandit aussi. La petite sirène veut dire au prince que c'est elle qui l'a sauvé, mais elle ne peut rien dire parce qu'elle a perdu sa voix. Elle est condamnée à regarder le prince et la princesse se rapprocher.

Les jours passent et le prince décide d'épouser la princesse. Il annonce alors cette bonne nouvelle à la petite sirène. Le mariage du prince et de cette princesse a lieu sur le navire. Le soir des noces, la petite sirène attend sur le pont du bateau. Soudain, ses cinq sœurs apparaissent à la surface de l'eau. Les longs cheveux de ses sœurs ont disparu.

« La sorcière a pris nos cheveux en échange de ce

인어공주

17

poignard. » dit l'une d'elles.

« Si tu l'enfonces dans le cœur du prince ce soir, alors tu seras délivrée du sort qui te lie à la sorcière et tu pourras revenir parmi nous. »

La petite sirène saisit le poignard puis va au chevet du prince qui dort.

« Je ne pourrai jamais faire cela, mon amour est trop grand pour toi. » se lamente-t-elle. Alors de retour sur le pont du bateau, elle lance le poignard dans les flots et se transforme en écume.

빨간 모자

Le Petit Chaperon Rouge

Il était une fois une mignonne petite fille. Elle avait reçu en cadeau un magnifique chaperon de couleur rouge. Elle aimait tellement ce vêtement, qu'elle le portait chaque jour. C'est ainsi que tous les villageois la surnommaient « Petit Chaperon Rouge ».

Un jour, sa mère confie à sa petite fille une mission : « S'il te plaît, amène cette galette et ce petit pot de confiture à ta grand-mère malade. Va vite lui porter avant que la nuit ne tombe. Va, tu es bien gentille ! »

Avant que la petite fille ne passe le pas de la porte, sa mère lui fait une dernière recommandation.

« Surtout, ne t'attarde pas en chemin, ne fais pas de détour vers le fond de la forêt et ne parle pas aux inconnus. »

« Je ferai comme tu as dit maman ! » jura alors la petite fille.

La grand-mère en question habitait une petite maison excentrée du village, dans une petite clairière dans un coin de la forêt.

Cependant, marchant sur le chemin, le Petit Chaperon Rouge ne voit pas qu'un loup à quelques pas derrière l'espionne d'un œil affamé. Celui-ci décide de l'aborder, le plus gentiment possible : « Bonjour, mon petit, que faites-vous ici à cette heure-là ? »

« J'amène une galette et un pot de confiture à ma mamie souffrante. »

« Que ton panier semble lourd, peut-être pourrais-je t'aider à le porter ? » demande sournoisement le loup.

La petite fille hésite un instant, mais refuse finalement

동화로 배우는 Level up! 프랑스어

l'aide de l'inconnu. Le loup continue de marcher tout en discutant avec le Petit Chaperon Rouge.

« Eh bien tant pis, » n'insiste pas le loup, « mais ce que les mamies préfèrent, c'est un beau bouquet de fleurs fraîchement cueillies. »

Le loup pointe du doigt des marguerites qui bordent le chemin. Le Petit Chaperon Rouge, voulant faire plaisir à sa grand-mère, se met à cueillir les belles fleurs. Elle oublie complètement le loup et sa mission, s'éloignant doucement du chemin.

Le loup, malicieux, va trouver dans la forêt la maisonnette de la grand-mère. Il entre sans faire de bruit et sur la pointe des pieds, se dirige vers le chevet de la vieille dame. Soudain, il se jette sur elle et la dévore. Puis, malin, il enfile sa chemise de nuit et son bonnet en dentelle et se couche sur le lit sous les draps chauds.

Le Petit Chaperon Rouge a maintenant un beau bouquet de marguerites. Elle regarde autour d'elle et voit que le soleil commence à se coucher. Elle repense alors aux paroles de sa mère et à sa grand-mère malade, et se remet vite sur le chemin. Enfin arrivée, elle frappe à la porte de la maison.

« Entre ma chérie, la porte est ouverte. » dit d'une voix tremblante le loup.

Quand elle est dans la chambre, une étrange impression lui serre le cœur. Elle s'avance vers le lit et contemple le loup déguisé.

« Oh ! Grand-mère, comme tu as de grandes oreilles ! »

« C'est pour mieux t'entendre, mon enfant. »

« Oh ! Grand-mère, comme tu as de grands yeux ! »

« C'est pour mieux te voir, mon enfant. »

« Oh ! Grand-mère, comme tu as de grandes dents ! »

« C'est pour mieux te manger ! » dit le loup en se jetant sur l'enfant, toute gueule ouverte. Il avale alors la pauvre enfant.

En entendant les cris du Petit Chaperon Rouge, un chasseur passant par là, se précipite dans la maison. Il voit le loup assoupi dans le lit. Pour sauver la grand-mère et la petite fille, il découpe avec un couteau le ventre du loup. Le Petit Chaperon Rouge et la grand-mère en sortent, encore sous le choc de leur drôle d'aventure. Le chasseur remplit l'estomac vide du loup avec des pierres et le coud.

Le loup s'enfuit alors au fin fond de la forêt et personne ne le revit. La grand-mère, le Petit Chaperon Rouge et le chasseur pour se remettre de ces émotions, mangent la galette. Le Petit Chaperon Rouge, jura qu'à l'avenir, elle ne quitterait plus le chemin et ne parlerait plus au loup !

푸른 수염

La Barbe Bleue

Il était une fois un homme immensément riche, qui avait les plus grandes demeures, de la vaisselle en or et des carrosses dorés. Cependant, cet homme était d'une taille imposante et avait une barbe bleue qui effrayait la plupart des personnes.

Une villageoise avait deux belles filles, Barbe bleue en demanda une en mariage, lui laissant le choix de celle qu'elle voudrait lui donner. Il promit en échange une montagne d'or.

La famille doutait, d'autant plus qu'on ne savait pas ce qui était arrivé aux précédentes épouses de Barbe bleue. La cadette accepta de se marier à cet homme, pensant à la belle vie de princesse qu'elle aurait. Le mariage eut lieu, et pendant un temps tout semblait parfaitement normal et même agréable.

« Finalement, Barbe bleue n'est pas si étrange, c'est un honnête homme. » pense-t-elle.

Au bout de quelques mois, Barbe bleue dut s'absenter pour partir en voyage faire des affaires dans de lointaines provinces.

« Voilà les clefs du château, de mes coffres-forts, et de mes appartements. Faites ce que vous voulez, allez où vous le souhaitez, mais surtout n'utilisez pas cette petite clef. »

« Qu'ouvre-t-elle ? » demande-t-elle.

« Elle ouvre la petite pièce dans la cave. Je vous défends d'y entrer. Si vous l'ouvrez, attendez-vous à ma plus sombre colère ! »

« Je vous promets que je n'ouvrirai jamais cette porte. »

Il monte dans le carrosse et part loin. D'abord, elle ne pense pas à cette pièce interdite, mais plus le temps passe plus ce secret l'intrigue.

« Mais que peut-il donc y avoir ? Peut-être y a-t-il son plus beau trésor ? » pense-t-elle.

Elle descend les escaliers et se retrouve devant cette petite porte. Elle regarde longtemps la petite clef du trousseau de clefs.

« De toute manière, une fois la porte refermée, Barbe bleue ne saura jamais que j'ai ouvert cette porte. » songe-t-elle.

Elle ne résiste donc pas à sa curiosité et tourne la clef dans la serrure de la petite porte. D'abord, elle ne voit rien puis après s'être habituée au noir, elle commence à voir que le plancher est couvert de sang séché, et que des corps de femmes mortes sont entassés contre le mur. Ce sont toutes les anciennes épouses de Barbe bleue qui avaient disparu l'une après l'autre. Elle croit mourir de peur et la clef qu'elle vient de retirer de la serrure est tombée de sa main. Elle tente d'essuyer la clef encore et encore, mais le sang sur la clef ne part pas.

Elle entend les chevaux et le carrosse de Barbe bleue rentrer dans la cour du palais. Son mari entre dans la demeure et se dirige vers sa femme.

« Rendez-moi les clefs. » ordonne Barbe bleue.

La pauvre jeune femme lui tend le trousseau.

« Pourquoi y a-t-il du sang sur la clef ? Vous êtes entrée dans la petite pièce ! Et bien vous aussi, vous allez y entrer et y rester pour toujours ! » tonne-t-il.

« Puisqu'il faut mourir, donnez-moi un peu de temps pour une dernière prière. » lui demande-t-elle.

« Je vous donne un quart d'heure et pas davantage. » dit Barbe bleue.

Lorsqu'elle est seule, elle demande à sa sœur qui est en haut de la plus haute tour du château : « Ma sœur, regarde si nos frères viennent ! Ils m'ont promis qu'ils viendraient nous voir aujourd'hui. Fais-leur signe de se dépêcher. »

« Je les vois, » dit-elle, « mais ils sont encore loin. »

Barbe bleue monte au dernier étage et menace d'un couteau sa femme. Il est sur le point de lui donner un coup mortel lorsque les deux frères, qui sont mousquetaires, arrivent et abattent Barbe bleue. Comme Barbe bleue n'avait pas d'héritier, sa femme utilisa la fortune du monstre pour vivre une vie heureuse avec sa famille.

장화 신은 고양이

Le Chat Botté

Il était une fois un vieux meunier qui avait trois fils. Lorsqu'il décéda, on apprit que son héritage était ainsi divisé : l'aîné reçut un moulin, le cadet, un âne et enfin le petit dernier un chat.

« Mon père ne m'aimait donc pas ! » gémit le benjamin.

« Mes deux frères pourront travailler grâce à leur moulin et à leur âne, mais moi que puis-je faire d'un chat à part lui faire chasser les souris ? »

Le chat entendant son maître répondit : « Ne me sous-estime pas ! Je suis un chat bien malin, comme il n'en existe nul autre dans le monde. Fais-moi confiance et tu deviendras plus fortuné que tes deux autres frères réunis. Donne-moi un sac et des bottes pour que je puisse parcourir la campagne ! »

Le jeune homme surpris d'entendre un chat parler, lui apporte ce qu'il réclame.

Aussitôt, le chat enfile ses bottes et met son sac sur l'épaule et court dans les fourrés. Arrivé dans un bois, il dispose son sac en piège et part se cacher derrière un buisson. Il attend quelques instants, quand bientôt, deux jeunes lièvres s'aventurent dans le sac. Le chat saute alors sur sa proie et referme le sac. Il va alors au château et demande à voir le seigneur.

« Le marquis de Carabas m'envoie vous donner ce cadeau. » dit alors le chat, tendant les lièvres au roi.

« Tiens donc, je ne connais pas ce marquis de Carabas, mais il est bien généreux ! Remercie-le pour moi. » lui répond le roi.

En réalité, il n'existe pas de marquis de Carabas, le chat ment et fait passer son pauvre maître pour un marquis. Le chat botté fier de son tour, retourne alors chez son maître, mais ne raconte rien.

Le lendemain et le surlendemain, il fait la même chose, une fois avec un faisan et une autre fois avec des perdrix. Le roi, agréablement surpris, le remercie toujours, et l'invite même à boire du lait au palais.

« Ce marquis de Carabas m'intrigue, il est tellement généreux, j'aimerais rencontrer votre maître au moins une fois ! » ne cesse de répéter le roi.

Un matin, le chat botté apprend que le roi et la princesse font une promenade en carrosse à travers la campagne. Il convainc alors son maître d'aller se baigner dans un étang.

« Il fait bien froid, ce n'est pas un temps à aller se baigner. » rechigne le pauvre maître. Son compagnon insiste tant que le jeune homme cède et va se baigner. Lorsque son maître est dans l'eau, le chat vole les vêtements qui étaient sur la berge et va les cacher dans des buissons. À ce moment-là, le carrosse du roi passe, le chat se met à hurler : « Au secours ! À l'aide ! Un voleur a volé tous les vêtements de mon seigneur ! » Le roi et la princesse, intrigués, font arrêter les chevaux.

« Sire, des brigands ont dérobé les habits de mon maître, il ne peut sortir de l'eau tout nu ! » hurle le chat d'un air affolé.

Le roi donne alors l'ordre que des vêtements soient

donnés au marquis. On fait porter à ce pauvre homme mouillé, tunique, pantalon, chaussures et manteau. Le jeune meunier, ainsi richement vêtu, a fort belle allure. Lorsque la princesse le voit, elle tombe aussitôt amoureuse. Le roi lui propose de le ramener jusqu'à chez lui.

Le chat est heureux de sa réussite, mais son plan n'est pas encore terminé. Il court devant le carrosse et menace les paysans : « Dites que ces terres sont au marquis de Carabas ou je vous tuerai ! » Lorsque le carrosse s'arrête et que le roi intrigué, demande à qui appartiennent ces terres, tous les paysans répondent qu'elles appartiennent au marquis de Carabas. Le chat courant toujours devant sur le chemin arrive à un superbe château qui appartient à un horrible et sanguinaire ogre.

« J'ai entendu dire que sire est le meilleur magicien de ce pays ! » flatte le chat rusé.

« Oui, vous avez raison, je peux me transformer en tout ce que je souhaite ! » se vante l'ogre.

« Je crois que je suis meilleur magicien que vous, êtes-vous capable de vous transformer en lion ? » demande le chat.

L'ogre voulant montrer ses talents, se change alors en un féroce et énorme lion.

« Il est bien facile de se transformer en lion, mais en une souris, c'est presque impossible ! » provoque le chat botté. L'ogre se transforme alors en une minuscule souris. Le chat botté bondit sur la petite bête et n'en fait qu'une bouchée ! Le carrosse entre dans la cour du château et le roi en descend.

« Mais à qui donc est cette demeure ? » interroge le roi.

« Au marquis de Carabas mon seigneur ! » répond le chat.

Le meunier devenu par la ruse et le mensonge marquis de Carabas épousera quelque temps plus tard la princesse. Le chat botté, lui, deviendra grand seigneur et ils vivront tous très heureux.

6. 관계 대명사

문장으로 명사를 수식할 때 사용합니다.

선행사	관계 대명사	관계 대명사절
명사	qui (주격)	+ 동사
	que (목적격)	+ 주어 + 동사
	dont (de + 명사)	+ 주어 + 동사 + (목적어)
	où (장소, 시간)	+ 주어 + 동사 + (목적어)

1 주격 관계 대명사 qui: 선행사(사람, 사물, 대명사) + qui + 동사

Il était une fois trois petits cochons qui vivaient avec leur maman dans une petite maison.
– 아기 돼지 삼 형제 1강 中

2 목적격 관계 대명사 que: 선행사(사람, 사물, 대명사) + que + 주어 + 동사

La cadette accepta de se marier à cet homme, pensant à la belle vie de princesse qu'elle aurait.
– 푸른 수염 18강 中

3 관계 대명사 dont: [de + 명사를 대신] 선행사(사람, 사물) + dont + 주어 + 동사 + (목적어)

Il était une fois un roi dont le royaume se situait au fond de la mer,
et qui s'étendait sous les vagues, parmi les coraux et les algues.
– 인어 공주 11강 中

4 관계 대명사 où: 선행사(장소) + où + 주어 + 동사 + (목적어)

Chaque soir, la grand-mère leur lit des histoires parlant d'un royaume qui se trouve
sur la terre et où les personnes ont, non des queues, mais des « jambes ».
– 인어 공주 11강 中

7. 지시 대명사

: 앞에 제시된 명사를 받아 가리킬 때 사용합니다.

1 지시 대명사(단순형)

	남성	여성
단수	celui	celle
복수	ceux	celles

: 앞서 제시된 명사를 받아 가리킬 때 사용. 주로 '~것(들)'로 해석

* 지시 대명사 단순형은 단독으로 사용하지 않고, 전치사구 혹은 관계 대명사절로 의미를 한정하여 사용합니다.

- 전치사(de, avec, à...) + 명사로 의미를 한정시키는 경우

> Qu'ils ont l'air appétissant. Lequel vais-je manger en premier ?
> Je vais commencer par le moins malin, celui avec la maisonnette en paille ! »
> – 아기 돼지 삼 형제 1강 中

- 관계 대명사로 의미를 한정시키는 경우

> Une villageoise avait deux belles filles, Barbe bleue en demanda une en mariage,
> lui laissant le choix de celle qu'elle voudrait lui donner.
> – 푸른 수염 18강 中

2 지시 대명사 (복합형): -ci(여기), -là(저기)와 함께 사용

	남성	여성
단수	celui-ci	celle-ci
복수	ceux-ci	celles-ci

	남성	여성
단수	celui-là	celle-là
복수	ceux-là	celles-là

: 앞에 제시된 명사를 받아 가리킬 때 사용. 주로 '이것(들)/저것(들)'로 해석 (영어의 this one/ that one과 유사)

보통 명사처럼 단독으로 사용 가능	가까운 것을 가리킬 때: -ci	먼 것을 가리킬 때: -là

> Soudain, celui-ci perd conscience. – 인어 공주 11강 中
> Celui-ci décide de l'aborder, le plus gentiment possible. – 빨간 모자 15강 中

8. 중성 대명사 en과 y

1 중성 대명사 en

주로 '그것을, 그곳으로부터, 그것에 대하여'와 같이 해석합니다.

de + (관사)	+ 명사, 부정법	→ en

기본적으로 'de + 명사'를 중성 대명사 en으로 대체할 수 있으며, 동사 앞에 위치시킵니다.

① 수량 표현(부분 관사, 부정 관사, 단위 표현)의 de와 명사를 받는 경우

> Est-ce qu'il y a des fleurs ? → Oui, il y en a beaucoup. (en = de fleurs)

② 수형용사, (수량 관련) 부정(不定) 형용사와 사용된 명사를 받는 경우

[부정(不定) 형용사]

quelques 몇몇의~	aucun(e) 어떤, 하나도~ (없다)
plusieurs 여럿의~	autre(s) (부정 관사와) 다른~

> **Je suis un chat bien malin, comme il n'en existe nul autre dans le monde.**
> – 장화 신은 고양이 22강 中

> **Mais tu es si belle, je t'en donne une en cadeau.**
> – 백설 공주 6강 中

③ 전치사 de + 명사, 부정법을 받는 경우

> **Quelques jours plus tard, ce dernier œuf éclos, un petit oiseau chancelant en sort.**
> – 미운 오리 새끼 8강 中

> **Quant à la reine, lorsqu'elle apprit tout cela par son miroir, en mourut.**
> – 백설 공주 6강 中

④ en을 포함한 표현

- s'en aller 동사: 가다 (있던 장소를 떠나다)

> **Les petits cochons s'en vont construire leur maison.**
> – 아기 돼지 삼 형제 1강 中

2 중성 대명사 y

주로 '그곳에, 그것에, 그것에 대하여'와 같이 해석합니다.

à + (관사)	+ 명사	→ y

기본적으로 'à + 명사'를 중성 대명사 y로 대체할 수 있으며, 동사 앞에 위치시킵니다.

> **Je vous défends d'y entrer.** – 푸른 수염 19강 中

> **Et bien vous aussi, vous allez y entrer et y rester pour toujours !** – 푸른 수염 20강 中

[주의] 사람 명사와 사용할 경우 중성 대명사 y로 대체하지 않습니다.

> **a. 전치사 à (~에게) + 사람 명사 → 간접 목적격 대명사 사용: Je lui réponds.**
> **b. 전치사 à (~에 대하여) + 사람 명사 → 강세형 인칭 대명사 사용: Je pense à elle.**

9. 명령문

'너, 우리, 당신(들)' 인칭의 평서문(현재 시제)에서 주어를 삭제합니다.

1군 동사와 aller 동사는 2인칭 단수(tu) 명령문으로 쓸 경우, 기존 현재 시제 동사 변형에서 어미의 끝에 있는 s를 삭제합니다.

① 1군, 2군 동사 명령형 어미 변형 규칙

Tu	-e *	-is
Nous	-ons	-issons
Vous	-ez	-issez

> « S'il te plaît, amène cette galette et ce petit pot de confiture à ta grand-mère malade.
> Va vite lui porter avant que la nuit ne tombe. Va, tu es bien gentille ! »
> - 빨간 모자 15강 中

② 긍정 명령문에서 직접/간접 목적격 인칭 대명사

	moi	
	toi	
동사	le	lui
	la	
	nous	
	vous	
	les	leur

③ 부정 명령문에서 직접/간접 목적격 인칭 대명사

	me (m')			
	te (t')			
ne	le (l')	lui	동사	pas
	la (l')			
	nous			
	vous			
	les	leur		

* 평서문(부정문)에서 목적격 대명사의 위치: 동사 앞

> Fais-moi confiance et tu deviendras plus fortuné que tes deux autres frères réunis.
> – 장화 신은 고양이 22강 中

> « Surtout, ne t'attarde pas en chemin, ne fais pas de détour vers le fond de la forêt
> et ne parle pas aux inconnus. »
> - 빨간 모자 15강 中

10. 감탄문

놀람, 기쁨 등의 감정을 나타내는 문장. 주로 '어찌나 ~한지!/~하구나!' 정도로 해석합니다.

1 감탄문 만드는 법

① quel + 명사

	남성	여성
단수	quel	quelle
복수	quels	quelles

quel	quelle	형용사	명사	형용사
quels	quelles			

[tip] 형용사 생략 가능

> Que vous êtes beaux, quelle joie de vous voir !
> – 미운 오리 새끼 8강 中

2 문장 강조

문어체	Que Comme	주어 + 동사
구어체	Qu'est-ce que	

> Qu'ils ont l'air appétissant.
> – 아기 돼지 삼 형제 1강 中

> « Oh ! Grand-mère, comme tu as de grandes oreilles ! »
> – 빨간 모자 16강 中

Les Trois Petits Cochons

아기 돼지 삼 형제

01강

아기 돼지 삼 형제 ❶
Les Trois Petits Cochons

 오늘의 줄거리

ÉTAPE 1

오늘의 주요 문장 미리 보기

- Il était une fois trois petits cochons qui vivaient avec leur maman dans une petite maison.

- Qu'ils ont l'air appétissant. Lequel vais-je manger en premier ? Je vais commencer par le moins malin, celui avec la maisonnette en paille !

- Non, non, jamais je ne te laisserai entrer !

동화 속으로!

원어민 음성 파일로 동화를 들은 뒤 한 문장씩 읽어 보세요.

Il était une fois trois petits cochons qui vivaient avec leur maman dans une petite maison.

옛날 옛적에, 아기 돼지 세 마리가 그들의 엄마와 작은 집에 살고 있었어요.

Un jour, la maman explique à ses enfants qu'ils étaient maintenant grands et qu'ils devaient habiter par eux-mêmes.

어느 날, 어머니가 아이들에게 그들은 이제 다 컸고, 스스로 살아가야 한다고 얘기했어요.

« Construisez votre maison, mais prenez garde à ce qu'elle soit bien solide pour que le grand méchant loup ne puisse pas entrer vous dévorer. »

"너희들의 집을 지으렴, 하지만 커다랗고 못된 늑대가 너희를 잡아먹으러 들어올 수 없도록 아주 튼튼하게 짓는 데 신경 써야 한다."

Les petits cochons s'en vont construire leur maison.

아기 돼지들은 그들의 집을 지으러 갔어요.

 Vocabulaire

cochon n.m. 돼지 | **vivre** v. 살다 | **construire** v. 건축하다, 짓다 | **prendre garde** v. (~에) 주의하다, ~하도록 유의(노력)하다, ~라는 사실에 유의(주목)하다 | **solide** a. 단단한, 견고한 | **loup** n.m. 늑대, 이리 | **dévorer** v. 뜯어먹다, 먹어 치우다 | **s'en aller** v. 가다

> **prendre garde à qc / (à ce) que + S + V :** ~에 주의하다 (≒ faire attention à qc)
> ───────────────────────────────────
> prendre garde (à ce) que + S + V 에서 동사는 직설법과 접속법 형태 모두 사용 가능하지만, 뉘앙스가 조금 달라집니다. 직설법을 사용할 경우 'S가 V라는 사실에 유의하다, 주목하다' (≒ noter)라는 의미를 가지지만, 접속법을 사용할 경우 아직 일어나지 않은 일에 대해 'S가 V하도록 유의하다'라는 의미를 가집니다.

Le premier cochon construit sa maison avec de la paille, le deuxième avec du bois et le troisième avec des briques.

첫째 돼지는 지푸라기로, 둘째 돼지는 나무로, 그리고 셋째 돼지는 벽돌로 집을 지었어요.

Cependant un méchant loup les guettait caché derrière un arbre.

그동안 못된 늑대 한 마리가 나무 뒤에 숨어서 그들(아기 돼지들)을 엿보고 있었어요.

« Qu'ils ont l'air appétissant. Lequel vais-je manger en premier ? Je vais commencer par le moins malin, celui avec la maisonnette en paille ! »

"정말 맛있어 보이는군. 어떤 놈을 제일 먼저 먹어 볼까? 짚으로 된 집을 가진 제일 멍청한 놈부터 시작해야겠다!"

Il frappe à la porte. « Toc, toc, toc, ouvre la porte, gentil petit cochon ! »

그(늑대)는 문을 두드렸어요. "똑똑똑, 문을 열어, 착한 아기 돼지야!"

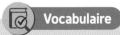 Vocabulaire

paille **n.f.** 짚 | bois **n.m.** 나무 | brique **n.f.** 벽돌 | cependant **adv.** 그렇지만 [문어] 그동안 | guetter **v.** (공격하기 위해) 감시하다, 노리다, 엿보다 | caché(e) **a.** 숨겨진, 감추어진 | avoir l'air + 형용사 ~해 보이다, ~처럼 보이다 | malin (maligne) **a.** 꾀바른, 영리한 | frapper **v.** 두드리다, 때리다 | ouvrir **v.** 열다 | porte **n.f.** 문

 Tip

lequel / laquelle / lesquels / lesquelles은 '어떤 사람/것'이라는 의미의 의문 대명사로서 앞, 뒤에 나오는 사람이나 사물에 '어떤'이라는 의미를 더해 의문문에서 사용합니다.
celui / celle / ceux / celles은 앞에 나온 명사를 가리키는 지시 대명사입니다.

ouvrir 동사는 -ir로 끝나지만 동사 변화 어미가 1군 동사와 유사한 불규칙 동사입니다. (ouvre / ouvres / ouvre / ouvrons / ouvrez / ouvrent) 따라서 해당 동사가 tu 명령문으로 쓰일 때는 1군 동사의 tu 명령문에서와 같이 뒤에 붙은 s를 삭제해야 합니다. (ouvres → ouvre)

« Non, non, jamais je ne te laisserai entrer ! »

"아니야, 아니야, 나는 절대 너를 들어오게 두지 않을 거야!"

« Eh bien, je soufflerai, et ta maison s'envolera ! »

"그럼, 나는 입김을 불 거고, 그러면 네 집은 날아가겠지!"

Le loup souffle, souffle, et toute la paille s'envole.

늑대가 입김을 불고 또 불자, 지푸라기가 모두 날아가 버렸어요.

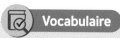

souffler v. 입김을 내불다, 숨을 내쉬다 | **s'envoler** v. 날아가다

et는 일반적으로 '그리고'라는 의미를 나타내는 접속사지만, 단순 미래 구문과 함께 쓰이면 '그러면'의 의미로 '~하면 ~할 것이다'와 같이 해석됩니다.

voler와 s'envoler 동사는 모두 '날다'라는 뜻이지만 세부적인 뉘앙스가 약간 다릅니다. voler는 '나는 행위' 자체에, s'envoler는 '가만히 있다가 날아가는 동작'에 초점을 맞춘 동사입니다.

1 각 단어의 알맞은 뜻을 찾아 연결하세요.

① loup   •

② dévorer   •

③ guetter   •

④ paille   •

⑤ construire   •

     • ⓐ 건축하다, 짓다

     • ⓑ 늑대

     • ⓒ 뜯어먹다, 먹어 치우다

     • ⓓ 지푸라기

     • ⓔ 감시하다, 노리다, 엿보다

2 괄호 안에 들어갈 동사로 알맞은 것끼리 짝지어진 것을 고르세요.

> Un jour, la maman explique à ses enfants qu'ils (   ) maintenant grands et qu'ils ( ) habiter par eux-mêmes.

① étaient, devaient   ② était, dois

③ est, devais   ④ sont, doit

3 괄호 안에 들어갈 단어로 알맞은 것을 고르세요.

> Le premier cochon construit sa maison avec de la paille, le deuxième avec du bois et le troisième avec des (   ).

① fleurs   ② briques

③ loups   ④ arbres

4 밑줄 친 부분에 들어갈 말을 쓰세요.

① _____ _____ _____ _____ trois petits cochons qui vivaient avec leur maman dans une petite maison.

옛날 옛적에, 아기 돼지 세 마리가 그들의 엄마와 작은 집에 살고 있었어요.

② « _____ils ont l'air appétissant. _____ vais-je manger en premier ? Je vais commencer par _____ _____ _____, _____ avec la maisonnette en paille ! »

"정말 맛있어 보이는군. 어떤 놈을 제일 먼저 먹어 볼까? 짚으로 된 집을 가진 제일 멍청한 놈부터 시작해야겠다!"

③ « Toc, toc, toc, _____ _____ _____, gentil petit cochon ! »
« Non, non, _____ _____ _____ _____ _____ _____ ! »

"똑똑똑, 문을 열어, 착한 아기 돼지야!"
"아니야, 아니야, 나는 절대 너를 들어오게 두지 않을 거야!"

5 동화에서 배운 표현을 활용하여 작문해 보세요.

① 나는 절대 네가 떠나게 두지 않을 거야.

➡

② 너 피곤해 보인다.

➡

Clés partir ⓥ 떠나다 │ fatigué(e) ⓐ 피곤한

정답 확인

❶ ① ⓑ ② ⓒ ③ ⓔ ④ ⓓ ⑤ ⓐ   ❷ ①   ❸ ②

❹ ① Il était une fois   ② Qu' / Lequel / le moins malin / celui

③ ouvre la porte / jamais je ne te laisserai entrer

❺ ① Jamais je ne te laisserai partir.   ② Tu as l'air fatigué.

02-03강

아기 돼지 삼 형제 ❷

Les Trois Petits Cochons

 오늘의 줄거리

ÉTAPE 1

오늘의 주요 문장 미리 보기

- Alors le petit cochon, court aussi vite qu'il peut et se réfugie chez son frère dans la maison de bois.

- Le loup furieux mais malin décide de passer par la cheminée. Il monte sur le toit et commence à descendre par la cheminée.

- Le loup hurlant de douleur se précipite vers la porte et s'enfuit au fond des bois.

동화 속으로!

원어민 음성 파일로 동화를 들은 뒤 한 문장씩 읽어 보세요.

Alors le petit cochon, court aussi vite qu'il peut et se réfugie chez son frère dans la maison de bois.

그리고 (첫째) 아기 돼지는 그가 할 수 있는 만큼 빠르게 달려서, 그의 형제가 사는 나무로 된 집으로 피신했어요.

Le loup bien décidé à manger un porcinet toque de nouveau à la porte.

새끼 돼지를 먹기로 단단히 결심한 늑대가 다시 한번 문을 두드렸어요.

« Toc, toc, toc, ouvre la porte, gentil petit cochon ! »

"똑똑똑, 문을 열어, 착한 아기 돼지야!"

« Non, non, jamais je ne te laisserai entrer ! »

"아니야, 아니야, 나는 절대 너를 들어오게 두지 않을 거야!"

« Eh bien, je soufflerai, et ta maison s'écroulera ! »

"그럼, 나는 입김을 불 거고, 그러면 네 집은 무너지겠지!"

Le loup souffle, souffle, et la maison de bois s'écroule.

늑대가 입김을 불고 또 불자, 나무로 만든 집이 무너져 버렸어요.

Vocabulaire

courir **v.** 달리다 | se réfugier **v.** 피난하다, 도피하다 | porcinet **n.m.** 새끼 돼지 | toquer **v.** (가볍게) 두드리다, 노크하다 | de nouveau 재차, 다시 | s'écrouler **v.** 무너지다, 푹 쓰러지다

aussi vite qu'il peut는 '그가 할 수 있는 만큼 빨리'라는 뜻으로, le plus vite possible (가능한 한 빨리)로도 바꿔 쓸 수 있습니다. aussi vite que는 문맥에 따라 주어와 동사를 변형시켜 사용해야 하는 반면, le plus vite possible은 변형하지 않고 하나의 부사처럼 편리하게 사용할 수 있습니다.

Alors les deux petits cochons, courent aussi vite qu'ils peuvent et se réfugient chez leur frère dans la maison de briques.

그래서 두 아기 돼지들은 그들이 할 수 있는 만큼 최대한 빠르게 달려서 벽돌로 만든 그들의 형제의 집으로 피신했어요.

De nouveau le loup arrive et dit : « Petits porcelets, laissez donc moi entrer ! »

늑대가 다시 도착해서 말했어요. "아기 돼지들아, 제발 나를 들여 보내 줘!"

« Non, non, jamais je ne te laisserai entrer ! »

"아니야, 아니야, 나는 절대 너를 들어오게 두지 않을 거야!"

« Eh bien, je soufflerai, et ta maison s'effondrera ! »

"그럼, 나는 입김을 불 거고, 네 집은 폭삭 무너질 거야!"

Alors il souffle encore et encore, mais la maison de briques ne bouge pas.

그리고 늑대가 입김을 불고 또 불었지만, 벽돌로 만든 집은 꿈쩍하지 않았어요.

Le loup furieux mais malin décide de passer par la cheminée.

화가 난 꾀바른 늑대는 굴뚝을 통해 지나가기로 결심했어요.

Il monte sur le toit et commence à descendre par la cheminée.

그는 지붕 위로 올라가서 굴뚝을 통해서 내려가기 시작했어요.

Vocabulaire

porcelet **n.m.** 새끼 돼지 | s'effondrer **v.** 무너지다, 붕괴되다 | bouger **v.** 움직이다 | furieux(se) **a.** 격노한 | cheminée **n.f.** 벽난로, 굴뚝 | toit **n.m.** 지붕

laissez donc moi entrer에서 donc는 명령문을 강조해 주는 역할을 합니다.

Le troisième petit cochon, qui était le plus rusé, allume un grand feu de bois dans la cheminée et y laisse bouillir un chaudron rempli d'eau.

가장 영리했던 셋째 아기 돼지는 벽난로에 나무로 불을 땠어요. 그리고 그곳에 물이 가득한 솥이 끓게 두었어요.

Quand le loup descend dans le conduit, il tombe directement dans l'eau bouillante !

늑대가 배관(굴뚝)으로 내려왔을 때, 그는 곧장 끓는 물에 떨어졌어요!

Le loup hurlant de douleur se précipite vers la porte et s'enfuit au fond des bois.

늑대는 고통에 울부짖으며 문 쪽으로 달려갔어요. 그리고 숲 속 깊은 곳으로 도망갔어요.

Depuis, les trois petits cochons n'ont jamais revu ce méchant loup.

그 이후로 세 아기 돼지들은 이 못된 늑대를 다시는 보지 못했답니다.

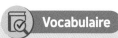 **Vocabulaire**

rusé(e) **a.** 교활한, 꾀바른 | allumer **v.** 불을 붙이다, 켜다 | feu **n.m.** 불 | bouillir **v.** 끓다 | chaudron **n.m.** 냄비, 솥 | rempli(e) de **a.** ~로 채워진 | conduit **n.m.** 도관, 파이프 | hurler **v.** 절규하다, 울부짖다 | douleur **n.f.** 고통 | se précipiter **v.** 서두르다, 달려가다 | s'enfuir **v.** 도망가다

 Tip
l'eau bouillante(끓는 물)에서의 bouillante은 동사적 형용사로, 원형은 bouillant(끓고 있는)이지만 eau가 여성 명사이므로 bouillante로 성수 일치시켰습니다.

마무리하기

1 각 단어의 알맞은 뜻을 찾아 연결하세요.

① porcinet •   • ⓐ 교활한, 꾀바른

② s'enfuir •   • ⓑ 도망가다

③ s'effondrer •   • ⓒ 끓다

④ rusé(e) •   • ⓓ 무너지다, 붕괴되다

⑤ bouillir •   • ⓔ 새끼 돼지

2 괄호 안에 들어갈 동사의 단순 미래 형태로 알맞은 것끼리 짝지어진 것을 고르세요.

> « Eh bien, je (   ), et ta maison (   ) ! »

① souffleras, t'écrouleras   ② soufflerai, écrouleront

③ soufflerai, s'écroulera   ④ souffler, s'écrouler

3 괄호 안에 들어갈 최상급의 형태로 알맞은 것을 고르세요.

> Le troisième petit cochon, qui était (   ), allume un grand feu de bois dans la cheminée et y laisse bouillir un chaudron rempli d'eau.

① la plus rusée   ② plus rusé

③ plus les rusés   ④ le plus rusé

4 밑줄 친 부분에 들어갈 말을 쓰세요.

① Alors le petit cochon, court _____ _____ _____ _____ et se réfugie chez son frère dans la maison de bois.

그리고 (첫째) 아기 돼지는 그가 할 수 있는 만큼 빠르게 달려서, 그의 형제가 사는 나무로 된 집으로 피신했어요.

② Le loup furieux mais malin décide de _____ _____ la cheminée. Il _____ _____ le toit et commence à _____ _____ la cheminée.

화가 난 꾀바른 늑대는 굴뚝을 통해 지나가기로 결심했어요. 그는 지붕 위로 올라가서 굴뚝을 통해서 내려가기 시작했어요.

③ Le loup _____ _____ _____ se précipite vers la porte et s'enfuit _____ _____ _____ _____.

늑대는 고통에 울부짖으며 문 쪽으로 달려갔어요. 그리고 숲 속 깊은 곳으로 도망갔어요.

5 동화에서 배운 표현을 활용하여 작문해 보세요.

나는 내가 할 수 있는 만큼 빠르게 달려서 집 안으로 피신했다.

➡ _____

🔑 **Clés** | aussi vite que S + V ~만큼 빠르게 | se réfugier v. 피신하다, 도피하다

정답 확인

1 ① ⓔ ② ⓑ ③ ⓓ ④ ⓐ ⑤ ⓒ　**2** ③　**3** ④

4 ① aussi vite qu'il peut　② passer par / monte sur / descendre par

③ hurlant de douleur / au fond des bois

5 Je cours aussi vite que je peux et me réfugie dans la maison.

더 나아가기

줄거리, 작가 및 교훈을 확인하고 작품을 더욱 깊게 이해해 봅시다.

Le resumé | 줄거리 요약

Trois petits cochons fabriquent trois maisons. Lorsque le loup attaque, seulement une maison, la plus solide, résiste face au souffle du méchant. Le troisième cochon, le plus malin, arrive à se débarrasser du loup en le brûlant.

se débarrasser de qn 쫓아 버리다 | brûler v. 불태우다

L'auteur | 작가

- On ne sait pas exactement qui est l'auteur, c'est un conte raconté oralement depuis plusieurs siècles.
- Une nourrice raconte cette histoire à James Halliwell qui l'écrit alors dans un livre pour enfant.
- En France, ce conte est célèbre grâce à Disney et à l'adaptation en dessin animé en 1934.

conte n.m. 이야기, 동화 | oralement adv. 구두로, 말로 | nourrice n.f. 유모 |
adaptation n.f. (작품의) 번안, 각색

La moralité | 교훈

- La morale des trois petits cochons est que les efforts et la persévérance sont importants pour réussir.
- Les deux premiers cochons étaient paresseux, ils ont construit rapidement une maison pour aller s'amuser.
- Mais le troisième cochon est plus prudent et fait des efforts pour construire sa maison.

morale n.f. 교훈 | persévérance n.f. 참을성, 인내, 끈기 | paresseux a. 게으른

십자말풀이 Les mots croisés

Horizontal

① Crier fort
③ Frapper à la porte
⑤ Observer en secret pour surprendre
⑦ Bâtir
⑨ Qui est malin

Vertical

② Cuire dans un liquide très chaud
④ Récipient de sorcière pour faire chauffer
⑥ Expulser de l'air
⑧ Jeune cochon
⑩ Manger avec les dents de manière gloutonne

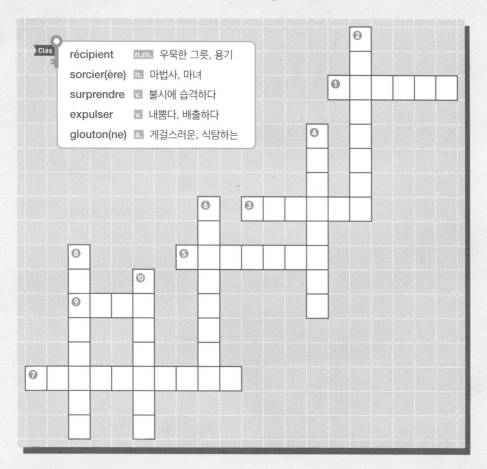

Clés

récipient	n.m.	우묵한 그릇, 용기
sorcier(ère)	n.	마법사, 마녀
surprendre	v.	불시에 습격하다
expulser	v.	내뿜다, 배출하다
glouton(ne)	a.	게걸스러운, 식탐하는

Les mots croisés 정답

| Horizontal | ① hurler | ③ toquer | ⑤ guetter | ⑦ construire | ⑨ rusé |
| Vertical | ② bouillir | ④ chaudron | ⑥ souffler | ⑧ porcinet | ⑩ dévorer |

Blanche-Neige

백설 공주

04강

백설 공주 ①
Blanche-Neige

 오늘의 줄거리

ÉTAPE 1 **오늘의 주요 문장 미리 보기**

- « J'aimerais avoir une fille qui ait le teint blanc comme la neige et les cheveux noirs comme les ailes de corbeau. »

- Lors de la naissance, le vœu de la reine fut exaucé mais malheureusement elle décéda peu de temps après. Au bout d'un an, le roi se remaria.

- « Oh miroir, mon beau miroir, qui est la plus belle du royaume ? »

ÉTAPE 2 **동화 속으로!**

원어민 음성 파일로 동화를 들은 뒤 한 문장씩 읽어 보세요.

Il était une fois, une reine enceinte qui par la fenêtre admirait la neige tomber dehors.

옛날 옛적에 한 임신한 왕비가 창밖에 떨어지는 눈을 감탄하며 바라보고 있었어요.

« J'aimerais avoir une fille qui ait le teint blanc comme la neige et les cheveux noirs comme les ailes de corbeau. »

"나는 눈처럼 하얀 얼굴과 까마귀 날개처럼 검은 머리카락을 가진 딸을 갖고 싶어."

Lors de la naissance, le vœu de la reine fut exaucé mais malheureusement elle décéda peu de temps après. Au bout d'un an, le roi se remaria.

(백설 공주가) 태어났을 때, 왕비의 소원은 이루어졌지만 불행하게도 왕비는 얼마 지나지 않아 죽었어요. 1년이 지난 후, 왕은 재혼했어요.

La nouvelle reine était très belle, mais son cœur était froid comme de la glace.

새 왕비는 매우 아름다웠지만, 그녀의 심장은 얼음처럼 차가웠어요.

 Vocabulaire

reine **n.f.** 왕비, 여왕 | enceinte **a.** 임신한 | admirer **v.** 감탄하다, 놀라서 보다 | neige **n.f.** 눈 | teint **n.m.** 얼굴빛, 안색 | aile **n.f.** (새, 곤충의) 날개 | corbeau **n.m.** 까마귀 | naissance **n.f.** 탄생 | vœu(x) **n.m.** 소원, 희망, (신에 대한) 기원 | exaucer **v.** (신이) 기도를 들어주다, (기원, 요구를) 이루다 | décéder **v.** 죽다, 사망하다 | roi **n.m.** 왕 | se remarier **v.** 재혼하다 | glace **n.f.** 얼음

Tip

선행사가 실제로 존재하는지 아닌지 확실하지 않을 때, 이 선행사를 수식하는 관계 대명사절의 동사는 접속법을 씁니다. 'J'aimerais avoir une fille qui ait le teint blanc comme la neige et les cheveux noirs comme les ailes de corbeau.' 이 문장에서는 딸을 아직 낳지 않았기 때문에 avoir 동사는 접속법 3인칭 단수 형태인 ait로 썼습니다.

fut(être), décéda(décéder), remaria(remarier)는 단순 과거 형태의 동사입니다. 단순 과거 시제는 복합 과거와 비슷하게 완료성과 일회성을 나타냅니다. 현재와 무관한 일에 대해 말하는 시제이므로 일상생활에서는 거의 쓰이지 않으며, 주로 문어체에서 활용되어 동화, 문학 작품, 자서전, 역사서, 신문 기사 등에서 볼 수 있습니다.

Tous les jours elle se mirait dans son miroir magique et demandait :

매일매일 그녀는 마법 거울에 스스로를 비춰 보고 묻곤 했어요.

« Oh miroir, mon beau miroir, qui est la plus belle du royaume ? »

"오, 거울아, 나의 아름다운 거울아, 왕국에서 누가 가장 아름답니?"

Et chaque jour le miroir magique lui répondait :

그리고 마법 거울은 매일 그녀에게 대답했지요.

« Reine, à ce jour, vous êtes la plus belle de ce royaume. »

"왕비님, 지금은 당신이 이 왕국에서 가장 아름답습니다."

Les années passent, Blanche-Neige grandit et la reine vieillit.

몇 년이 흐르고, 백설 공주는 성장했고 왕비는 늙어 갔어요.

 **Vocabulaire**

se mirer **v.** (거울 따위에) 자기 모습을 비춰보다 | miroir **n.m.** 거울 | royaume **n.m.** 왕국 |
grandir **v.** 자라다, 성장하다 | vieillir **v.** 늙다

 '정관사 + plus/moins + 형용사 (+ de 비교 범위)'로 최상급을 표현할 수 있습니다.

Comme chaque jour, la reine demande :
« Oh miroir, mon beau miroir, qui est la plus belle ? »

여느 때처럼, 왕비는 물었어요. "오, 거울아, 나의 아름다운 거울아, 누가 가장 아름답니?"

Et le miroir répond : « Reine, à ce jour, Blanche-Neige est la plus belle du royaume. »

그리고 거울은 대답했어요. "왕비님, 지금은 백설 공주가 왕국에서 가장 아름답습니다."

Jalouse, la reine rentre dans une colère noire et décide d'engager un chasseur.

질투가 난 여왕은 격노했어요. 그리고 사냥꾼을 한 명 고용하기로 결심했지요.

« Emmène Blanche-Neige dans la forêt, tue-la et rapporte-moi son cœur en preuve. Je serai alors de nouveau, la plus belle de ce royaume. »

"백설 공주를 숲 속으로 데리고 가서 죽여라! 그리고 그녀의 심장을 증거로 내게 가져와! 그러면 내가 다시 이 왕국에서 가장 아름다운 사람이 되겠지."

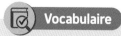

jaloux(se) **a.** 질투하는 | colère **n.f.** 화 | engager **v.** 고용하다 | chasseur(se) **n.** 사냥꾼, 수렵인 | emmener **v.** 데리고 가다, 연행하다 | tuer **v.** 죽이다 | cœur **n.m.** 심장 | preuve **n.f.** 증거, 증빙 자료

평서문에서 직간접 목적격 대명사가 동사 앞에 위치하는 것과 달리, 긍정 명령문에서는 동사 뒤에 위치합니다.
이때 1, 2인칭 대명사는 강세형으로 인칭 대명사를 씁니다. 또한 간접 목적격 대명사가 일반 명사인 직접 목적어와 같이 오는 경우, 대명사만 동사와 '-'로 연결하고 나머지는 띄어 씁니다.

ex. Regarde-moi ! (너) 나를 봐! / Regarde-la ! (너) 그녀를 봐! / Tue-la ! (너) 그녀를 죽여!
　　Réponds-moi ! (너) 나에게 대답해! / Réponds-lui ! (너) 그(녀)에게 대답해!
　　Donne-moi un cadeau ! (너) 나에게 선물 하나를 줘!
　　Rapporte-moi son cœur ! (너) 나에게 그(녀)의 심장을 가져다줘!

1 각 단어의 알맞은 뜻을 찾아 연결하세요.

① neige   •   •   ⓐ (신이) 기도를 들어주다, (기원, 요구를) 이루다, 실현하다

② reine   •   •   ⓑ 거울

③ miroir   •   •   ⓒ 고용하다

④ exaucer   •   •   ⓓ 왕비, 여왕

⑤ engager   •   •   ⓔ 눈

2 괄호 안에 들어갈 동사로 알맞은 것끼리 짝지어진 것을 고르세요.

> **Tous les jours elle (**   **) dans son miroir magique et (**   **) :**

① mirait, se demandait   ② se mirait, demandait

③ se mirais, demandais   ④ se mire, demandé

3 괄호 안에 들어갈 동사의 명령문 형태로 알맞은 것끼리 짝지어진 것을 고르세요.

> **Emmène Blanche-Neige dans la forêt, (**   **) et (**   **)**
> **son cœur en preuve.**

① tue-la, rapporte-moi   ② tues-le, rapporte-la

③ tue-moi, rapporte-la   ④ tuez-la, rapportes-moi

4 밑줄 친 부분에 들어갈 말을 쓰세요.

① « J'aimerais avoir une fille _____ _____ ___ _____ _____ comme la neige et les cheveux noirs comme les ailes de corbeau. »

"나는 눈처럼 하얀 얼굴과 까마귀 날개처럼 검은 머리카락을 가진 딸을 갖고 싶어."

② _____ _____ la naissance, le vœu de la reine _____ _____.

(백설 공주가) 태어났을 때, 왕비의 소원은 이루어졌어요.

③ « Oh miroir, mon beau miroir, _____ _____ __ _____ _____ _____ ? »

"거울아, 나의 예쁜 거울아, 왕국에서 누가 제일 아름답니?"

5 동화에서 배운 표현을 활용하여 작문해 보세요.

> 이 반에서 누가 가장 (키가) 작니?

➡

Clés ⬤ classe **n.f.** 학급, 반

05강

백설 공주 ❷
Blanche-Neige

 오늘의 줄거리

ÉTAPE 1

오늘의 주요 문장 미리 보기

- La princesse s'enfuit alors en courant aussi loin que ses jambes peuvent la porter.

- Épuisée par sa course dans la forêt, elle s'endort dans un des petits lits.

- « Mais comment est-ce possible, je la croyais morte ! » se fâche la reine.

동화 속으로!

원어민 음성 파일로 동화를 들은 뒤 한 문장씩 읽어 보세요.

Le chasseur écoute la reine et emmène la princesse au fond des bois, il pointe son fusil dans sa direction puis réfléchissant à ce geste abject dit :

사냥꾼은 왕비의 말을 듣고 공주를 숲 속 깊은 곳으로 데려가, 그녀 쪽으로 총을 겨누고 이 비열한 행동에 대해 생각하며 말했어요.

« S'il vous plaît Blanche-Neige, fuyez loin et ne revenez jamais dans ce royaume, ou je serai obligé de vous abattre. Courez maintenant, partez vite ! »

"부탁입니다, 백설 공주님. 멀리 도망가셔서 다시는 이 왕국에 돌아오지 마세요. 그렇지 않으면 제가 당신을 죽여야만 할 거예요. 지금 뛰세요, 빨리 떠나세요!"

La princesse s'enfuit alors en courant aussi loin que ses jambes peuvent la porter.

그리고 공주는 그녀의 다리가 그녀를 견딜 수 있는 만큼 멀리 달려서 도망쳤어요.

Le chasseur, lui, tue une biche et rapporte son cœur à la méchante reine.

사냥꾼은 암사슴 한 마리를 죽이고 그것의 심장을 악독한 왕비에게 가져갔어요.

📖 Vocabulaire

pointer v. 조준하다 | **fusil** n.m. 총, 소총 | **réfléchir (à)** v. (~에 대해) 숙고하다, 곰곰이 생각하다 | **abject(e)** a. 비열한, 비천한, 비굴한 | **fuir** v. 달아나다, 도망가다 | **abattre** v. 쓰러뜨리다, 무너뜨리다; 죽이다, 제거하다, (동물을) 도살하다 | **s'enfuir** v. 도망가다 | **biche** n.f. 암사슴 | **rapporter** v. 가져오다

Tip

일반적으로 프랑스어에서 마지막 자음은 발음하지 않지만, abject는 예외적으로 남성형 형용사일 때도 [아브젝뜨]로 t를 발음합니다.

앞서 「아기 돼지 삼 형제」에서 voler 동사와 s'envoler 동사의 차이점을 살펴보았습니다. s'enfuir와 fuir 동사 역시 미묘한 뉘앙스 차이가 있는데요, s'enfuir가 '위험한 상황이나 갇혀 있는 곳에서 도망가다'라는 의미라면 fuir는 여기에 더해 '책임으로부터 도망가다'와 같이 조금 더 넓은 의미로 사용됩니다. 동화에서는 두 동사가 큰 차이 없이 사용되었지만 알아 두었다가 문맥에 맞게 적절하게 사용하세요.

Blanche-Neige, désorientée, trouve une petite chaumière au fond des bois.

길을 잃은 백설 공주는 숲 속 깊은 곳에서 작은 초가집 하나를 발견했어요.

Elle frappe à la porte mais personne ne répond. Elle pousse alors la porte qui est ouverte et entre.

그녀는 문을 두드렸지만 아무도 대답하지 않았어요. 백설 공주는 열려 있는 문을 밀고 안으로 들어갔어요.

Elle trouve une jolie maison, avec sept chaises autour d'une table, et sept lits à l'étage.

그녀는 예쁜 집 안 테이블 주위로 7개의 의자가 있고, 2층에는 7개의 침대가 있는 것을 발견했어요.

Épuisée par sa course dans la forêt, elle s'endort dans un des petits lits.

숲 속에서의 달리기로 인해 기진맥진한 백설 공주는 작은 침대들 중 하나에서 잠이 들었어요.

« Mais qui est-ce ? » demande une voix.

"그런데 이 사람은 누구야?" 한 목소리가 물었어요.

« Mais que fait-elle ici ? » demande un autre.

"여기서 뭐 하는 거야?" 다른 난쟁이가 물었어요.

Blanche-Neige se réveille surprise de voir sept petits nains.

백설 공주는 7명의 난쟁이들을 보고 놀라서 깨어났어요.

Elle raconte alors son histoire à ces petits bonhommes.

그녀는 이 작은 친구들에게 그녀의 사연을 이야기해 주었어요.

 Vocabulaire

désorienté(e) a. 방향(길)을 잃어버린 | chaumière n.f. 초가집 | autour de ~의 주위에, 근처에 | épuisé(e) a. 지친, 기진맥진한, 고갈된 | course n.f. 달리기, 경주 | s'endormir v. 잠들다 | voix n.f. 목소리 | se réveiller v. 잠을 깨다, 깨어나다 | nain(e) n. 난쟁이 | bonhomme n.m. 착한 사람, 호인, 순진한 사람, (소설, 연극 따위의) 인물

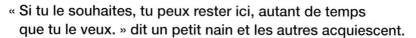

« Si tu le souhaites, tu peux rester ici, autant de temps que tu le veux. » dit un petit nain et les autres acquiescent.

"네가 그러고 싶다면, 원하는 만큼 여기 있어도 돼." 한 난쟁이가 말했고 다른 난쟁이들도 동의했어요.

Les nains vont travailler chaque jour du matin jusqu'au soir.

난쟁이들은 매일 아침부터 저녁까지 일하러 갔어요.

Pendant ce temps-là, Blanche-Neige reste à la maison, prépare le repas et fait le ménage.

그동안 백설 공주는 집에 남아 식사를 준비하고 집안일을 했어요.

Blanche-Neige n'est pas heureuse de cette vie cloîtrée dans cette maisonnette.

백설 공주는 이 작은 집에 틀어박혀 있는 삶이 행복하지 않았어요.

Pendant ce temps, la méchante reine comme chaque jour demande à son miroir : « Oh miroir, mon beau miroir, qui est la plus belle de ce royaume ? »

그 사이, 심술궂은 왕비는 여느 때처럼 그녀의 거울에게 물었어요. "오, 거울아, 나의 아름다운 거울아, 이 왕국에서 누가 가장 아름답니?"

« À ce jour, c'est encore Blanche-Neige la plus belle ! » répond-il.

"지금은, 여전히 백설 공주가 가장 아름답습니다!" 거울이 대답했어요.

« Mais comment est-ce possible, je la croyais morte ! » se fâche la reine.

"하지만 그게 어떻게 가능하지, 나는 그녀가 죽은 줄 알았는데!" 왕비가 분개했어요.

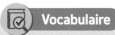 **Vocabulaire**

acquiescer **v.** ~에 동의하다, 승낙하다 | ménage **n.m.** 집안일 | cloîtré(e) **a.** 갇혀 있는, 처박혀 있는, 은거하는 | croire **v.** 믿다, 확신하다 | mort(e) **a.** 죽은 | se fâcher **v.** 화내다, 분개하다

명사의 동등 비교는 aussi가 아니라 'autant de + 명사'로 씁니다. 명사의 우등/열등 비교의 경우 'plus de / moins de + 명사'의 형태를 사용합니다.

'갇혀 있는'이라는 의미의 cloîtré(e)는 '가두다, 격리하다'라는 의미의 cloîtrer 동사에서 파생된 형용사입니다. se cloîtrer와 같이 대명 동사 형태로 사용하면 '스스로를 가두다', 즉 '은거하다, 칩거하다'라는 의미가 됩니다.

마무리하기

1 각 단어의 알맞은 뜻을 찾아 연결하세요.

① abattre •   • ⓐ 초가집

② chaumière •   • ⓑ 총, 소총

③ fusil •   • ⓒ 쓰러뜨리다, 무너뜨리다, 죽이다, 제거하다

④ nain •   • ⓓ 화내다, 분개하다

⑤ se fâcher •   • ⓔ 난쟁이

2 괄호 안에 들어갈 동사의 형태로 알맞은 것을 고르세요.

> Le chasseur pointe son fusil dans sa direction puis (   ) à
> ce geste abject dit : « S'il vous plaît Blanche-Neige, fuyez loin et ne revenez
> jamais dans ce royaume ! »

① réfléchisse   ② réfléchant

③ réfléchir   ④ réfléchissant

3 괄호 안에 들어갈 알맞은 단어끼리 짝지어진 것을 고르세요.

> Les nains vont travailler chaque jour (   ) matin jusqu'(   ) soir.

① de, à   ② du, au

③ à, de   ④ le, à

4 밑줄 친 부분에 들어갈 말을 쓰세요.

① La princesse s'enfuit alors _____ _____ _____ _____ _____ ses jambes peuvent la porter.

그리고 공주는 그녀의 다리가 그녀를 견딜 수 있는 만큼 멀리 달려서 도망쳤어요.

② _____ _____ sa course dans la forêt, elle s'endort dans un des petits lits.

숲 속에서의 달리기로 인해 기진맥진한 그녀(백설 공주)는 작은 침대들 중 하나에서 잠이 들었어요.

③ « Mais comment est-ce possible, ____ ____ _____ _____ ! » se fâche la reine.

"하지만 그게 어떻게 가능하지, 나는 그녀가 죽은 줄 알았는데!" 왕비가 분개했어요.

5 동화에서 배운 표현을 활용하여 작문해 보세요.

> (그의) 업무로 인해 기진맥진한 그는 소파에서 잠이 듭니다.

➡

Clés travail **n.m.** 일, 업무 │ **sur le canapé** 소파에서

정답 확인

❶ ① ⓒ ② ⓐ ③ ⓑ ④ ⓔ ⑤ ⓓ   ❷ ④   ❸ ②

❹ ① en courant aussi loin que ② Épuisée par ③ je la croyais morte

❺ Épuisé par son travail, il s'endort sur le canapé.

06-07강

—

백설 공주 ❸

Blanche-Neige

 오늘의 줄거리

오늘의 주요 문장 미리 보기

- « Je suis une vieille marchande, je vends mes pommes de maison en maison. Mais tu es si belle, je t'en donne une en cadeau. »

- Alors pour lui rendre un dernier hommage, ils construisent un cercueil en verre.

- Elle tombe amoureuse immédiatement de ce beau prince.

동화 속으로!

원어민 음성 파일로 동화를 들은 뒤 한 문장씩 읽어 보세요.

Un jour, une vieille femme avec un panier plein de belles pommes rouges toque à la porte.

어느 날, 빨갛고 예쁜 사과들로 가득한 바구니를 든 한 노파가 문을 두드렸어요.

« Je suis une vieille marchande, je vends mes pommes de maison en maison. Mais tu es si belle, je t'en donne une en cadeau. » dit la vieille.

"나는 나이 든 상인이고, 집집마다 사과를 팔고 있어. 하지만 네가 이토록 아름다우니, 너에게 선물로 (사과) 하나 줄게." 노파가 말했어요.

« Que vos pommes sont belles et appétissantes ! » répond Blanche-Neige.

"당신의 사과들은 정말 예쁘고 맛있어 보이네요!" 백설 공주가 대답했어요.

Elle prend la pomme que lui tend la grand-mère.

그녀(백설 공주)는 할머니가 내민 사과를 받았어요.

Elle ne se doute pas un instant que cette marchande n'est autre que la méchante reine qui s'est déguisée.

그녀는 이 상인이 다름 아닌 변장한 못된 왕비라고는 한 순간도 생각하지 못했어요.

À peine la reine partie, Blanche-Neige croque dans la pomme et tombe inanimée.

여왕이 떠나자마자 백설 공주는 사과를 깨물었고 의식을 잃은 채 쓰러졌어요.

 Vocabulaire

vieux (vieille) **a.** 늙은 | panier **n.m.** 바구니 | marchand(e) **n.** 상인 | vendre **v.** 팔다 | cadeau(x) **n.m.** 선물 | tendre **v.** 내밀다 | se douter **v.** ~일 거라고 짐작하다 | n'être autre que 다름 아닌 바로 ~인 | se déguiser **v.** 변장하다 | à peine **adv.** ~하자마자 | croquer **v.** 와작와작 씹어 먹다 | inanimé(e) **a.** 의식이 없는

 'je t'en donne une en cadeau.'에서 en은 pomme를 받는 중성 대명사입니다. 중성 대명사 en은 'de + 명사' 또는 부정 관사/수 형용사 다음에 오는 명사를 받을 수 있습니다. 즉 원래 문장은 'je te donne une pomme en cadeau.'지만, 앞에 pomme가 여러 번 나왔으므로 반복을 피하기 위해 중성 대명사를 쓴 것이죠. 참고로 뒤에 나오는 en cadeau에서 en은 중성 대명사가 아니라 전치사입니다.

Lorsque les nains arrivent, ils la trouvent sur le sol, et pensent qu'elle est morte.

난쟁이들이 도착했을 때, 그들은 바닥에 쓰러져 있는 백설 공주를 발견하고 그녀가 죽었다고 생각했어요.

Alors pour lui rendre un dernier hommage, ils construisent un cercueil en verre.

그래서 그들은 그녀에게 애도를 표하기 위해 유리로 된 관을 만들었어요.

Les nains pleurent à chaudes larmes autour de leur princesse bien-aimée quand un prince passe par là et entend les sanglots.

난쟁이들은 그들이 매우 사랑했던 공주를 둘러싸고 오열했고, 그곳을 지나가던 왕자가 그들의 울음소리를 들었어요.

« Je n'ai jamais vu une princesse aussi belle. Puis-je lui donner un dernier baiser pour lui dire adieu ? »

"나는 지금껏 이토록 아름다운 공주를 본 적이 없소. 그녀에게 작별 인사를 하기 위해 마지막 입맞춤을 해도 되겠소?"

Les nains acquiescent. Le prince se penche sur Blanche-Neige et pose ses lèvres sur les siennes.

난쟁이들은 승낙했어요. 왕자는 백설 공주에게로 몸을 기울이고, 그의 입술을 그녀의 입술에 겹쳤어요.

Vocabulaire

sol n.m. 바닥 | hommage n.m. 경의, 존경, 추도, 정중한 의례 | rendre un dernier hommage à qn ~에게 애도를 표하다 | cercueil n.m. 관 | verre n.m. 유리 | pleurer v. 울다, (눈물을) 흘리다 | larme n.f. 눈물 | bien-aimé(e) a. 가장(매우) 사랑하는 | sanglot n.m. 흐느낌, 오열 | baiser n.m. 입맞춤, 키스 | se pencher v. 몸을 기울이다

 Je peux ~ (나는 할 수 있다)가 도치되는 경우, peux-je가 아니라 puis-je ~ 로 형태가 바뀌게 됩니다. 'Puis-je ~?'는 '제가 ~해도 될까요?/할 수 있을까요?'라는 의미로 쓰이는 공손한 의문문입니다.

불필요한 단어 반복을 피하기 위해 les lèvres de Blanche-Neige를 les siennes로 받았습니다. siennes는 '그/그녀의 것'이라는 의미의 소유 대명사 sien의 여성 복수 형태입니다.

À ce moment-là, la princesse tousse et recrache un morceau de pomme empoisonnée.

그 순간, 공주가 기침을 하며 독이 든 사과 조각을 뱉어 냈어요.

Blanche-Neige respire à nouveau et ouvre les yeux.

백설 공주는 다시금 숨을 쉬고 눈을 떴어요.

Elle tombe amoureuse immédiatement de ce beau prince.

그녀는 이 잘생긴 왕자에게 금세 사랑에 빠졌어요.

Ils se marièrent et furent très heureux.

그들은 결혼하여 아주 행복하게 살았답니다.

Quant à la reine, lorsqu'elle apprit tout cela par son miroir, en mourut.

한편 왕비는, 거울로 이 모든 것을 알고 나서 그로 인해 죽고 말았어요.

 Vocabulaire

tousser v. 기침하다 | recracher v. 뱉다 | morceau(x) n.m. 조각 | empoisonné(e) a. 독이 든, 오염된 | respirer v. 숨쉬다 | à nouveau 재차, 다시 한번, 새롭게, 다른 식으로 | tomber v. 떨어지다, 넘어지다 | amoureux(se) v. (~에게) 반한, (~을) 사랑하는 | se marier v. 결혼하다 | quant à ~에 관해서는, ~(으)로서는, ~(으)로 말하자면 | apprendre v. 배우다, (배워서, 들어서) 알다 | mourir v. 죽다

tomber는 '떨어지다, 넘어지다'라는 뜻으로, 뒤에 형용사가 오면 '~한 상태에 빠지다/~한 상태가 되다'로 사용할 수 있습니다. '사랑에 빠지다'는 tomber amoureux, '기절하다(의식이 없는 상태가 되다)'는 tomber inanimé, '병에 걸리다(아픈 상태가 되다)'는 tomber malade로 씁니다.

'결혼하다'라는 동사는 항상 대명동사 형태인 se marier로 씁니다. '~와 결혼하다'는 'se marier avec qn'을 통째로 외우는 것이 좋습니다.

앞서 「백설 공주 ①」에서도 살펴보았듯이, se marièrent(se marier)와 furent(être), apprit(apprendre), mourut(mourir)는 모두 단순 과거 시제입니다.

'mourir de 무관사 명사'는 '~로 인해 죽다/~해서 죽을 지경이다'라는 의미입니다. 예를 들어 'mourir de faim(아사하다)', 'mourir de fatigue(피곤해 죽을 지경이다)' 등으로 활용할 수 있습니다. 본문에 나온 en mourut에서 en은 'de + 무관사 명사'를 받는 중성 대명사입니다. 문맥상 유추해 보면 '여왕은 모든 사실을 알게 되어 죽었다', 더 구체적으로 추측해 보자면 'de jalousie', 질투에 휩싸여 죽었다고 볼 수 있겠지요.

1 각 단어의 알맞은 뜻을 찾아 연결하세요.

① panier •   • ⓐ 바구니

② sanglot •   • ⓑ 다름 아닌 바로 ~인

③ empoisonné(e) •   • ⓒ 흐느낌, 오열

④ recracher •   • ⓓ 독이 든, 오염된

⑤ n'être autre que •   • ⓔ 뱉다

2 괄호 안에 들어갈 목적격 인칭 대명사를 고르세요.

> Elle prend la pomme que (   ) tend la grand-mère.

① le   ② la

③ lui   ④ elle

3 괄호 안에 들어갈 말이 알맞게 짝지어진 것을 고르세요.

> Je n'ai (   ) vu une princesse aussi belle. (   )-je lui donner un dernier baiser pour lui dire adieu ?

① pas, Peux   ② jamais, Peut

③ personne, Pouvais   ④ jamais, Puis

4 밑줄 친 부분에 들어갈 말을 쓰세요.

① Je vends mes pommes de maison en maison. Mais tu es si belle, _____ _____
_____ _____ en cadeau.

나는 집집마다 사과를 팔고 있어. 하지만 네가 이토록 아름다우니, 너에게 선물로 (사과) 하나 줄게.

② Alors pour _____ _____ _____ _____ _____, ils
construisent un cercueil en verre.

그래서 그들(난쟁이들)은 그녀에게 애도를 표하기 위해 유리로 된 관을 만들었어요.

③ Elle _____ _____ immédiatement de ce beau prince.

그녀는 이 잘생긴 왕자에게 금세 사랑에 빠졌어요.

5 동화에서 배운 표현을 활용하여 작문해 보세요.

① 나는 이렇게 귀여운 고양이는 결코 본 적이 없어.

➡

② 내가 그에게 사탕 하나를 선물로 줄 수 있을까요?

➡

Clés chat **n.m** 고양이 │ mignon(ne) **a.** 귀여운 │ bonbon **n.m.** 사탕

정답 확인

❶ ①ⓐ ②ⓒ ③ⓓ ④ⓔ ⑤ⓑ ❷ ③ ❸ ④

❹ ① je t'en donne une ② lui rendre un dernier hommage ③ tombe amoureuse

❺ ① Je n'ai jamais vu un chat aussi mignon.

② Puis-je lui donner un bonbon en cadeau ?

줄거리, 작가 및 교훈을 확인하고 작품을 더욱 깊게 이해해 봅시다.

Le resumé 줄거리 요약

Une reine est jalouse de la beauté de Blanche-Neige. Elle donne l'ordre à un chasseur de la tuer. Cependant Blanche-Neige se réfugie chez les sept nains. Naïve, elle mord dans la pomme empoisonnée de la méchante belle-mère et tous la croient morte. Un prince arrive et l'embrasse, ce qui la réveille.

mordre **v.** 물다, 깨물다 | belle-mère **n.f.** 계모

L'auteur 작가

- « Blanche-Neige » est un conte qui était raconté oralement depuis plusieurs siècles en Allemagne. Ce sont les frères Grimm qui l'écrivent dans un livre en 1812.

- Wilhelm Grimm et Jacob Grimm sont des frères et vivent en Allemagne. Ils sont passionnés par la langue allemande et les contes oraux.

- En 1812, les deux frères écrivent ensemble un livre, « Contes de l'enfance et du foyer », qui est un ensemble de 86 histoires, qui contient l'histoire de Blanche-Neige et d'Hansel et Gretel.

contenir **v.** 포함하다

La moralité 교훈

- Il ne faut pas s'attacher à des choses éphémères comme la beauté et la jeunesse. Un ego trop important est quelque chose de très dangereux.

- Ce conte avertit aussi contre les personnes offrant quelque chose de tentant. Il faut se méfier des cadeaux ou services donnés gratuitement par des inconnus.

s'attacher **v.** 집착하다 | éphémère **a.** 일시적인, 덧없는 | avertir **v.** 경고하다 | tentant(e) **a.** 유혹하는, 마음을 끄는 | se méfier **v.** 경계하다 | gratuitement **adv.** 무료로

십자말풀이 Les mots croisés

Vertical

❶ Qui est révoltant / donne du mépris

❸ Utiliser les dents pour manger

❺ Qui ne bouge pas

❼ Qui sert à montrer que quelque chose est vraie

❾ Grand oiseau noir

Horizontal

❷ Quand on court vite

❹ Faire tomber / tuer

❻ Très fatigué

❽ Prendre de l'âge

❿ Se réaliser

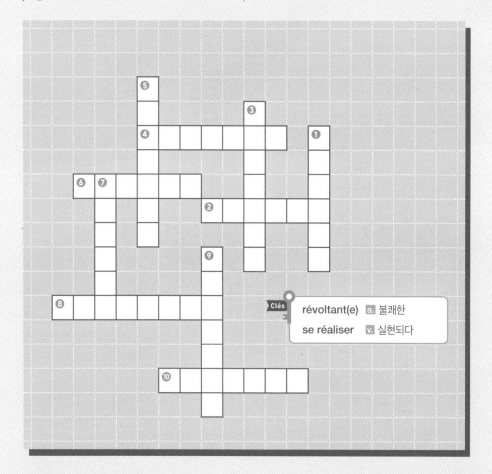

Clés

révoltant(e) **a.** 불쾌한

se réaliser **v.** 실현되다

Les mots croisés 정답

Vertical	❶ abject	❸ croquer	❺ inanimé	❼ preuve	❾ corbeau
Horizontal	❷ course	❹ abattre	❻ épuisé	❽ vieillir	❿ exaucer

Le Vilain Petit Canard

미운 오리 새끼

08강

미운 오리 새끼 ❶

Le Vilain Petit Canard

 오늘의 줄거리

오늘의 주요 문장 미리 보기

- Quelques jours plus tard, ce dernier œuf éclos, un petit oiseau chancelant en sort.

- « Qu'il est laid ! Jamais je n'ai vu un tel caneton ! »

- « Comment osez-vous, quand il sera grand il sera très beau et il nage bien mieux que ses frères et sœurs ! »

동화 속으로!

원어민 음성 파일로 동화를 들은 뒤 한 문장씩 읽어 보세요.

Par un beau jour de printemps, une cane couve ses œufs à côté d'un étang.

어느 화창한 봄날에, 한 어미 오리가 연못 옆에서 자신의 알들을 품고 있었어요.

Un matin, elle entend un petit bruit qui vient d'un œuf : « Pip ! Pip ! »

어느 날 아침, 그녀는 한 알에서 나는 작은 소리를 들었어요. "삐약! 삐약!"

Un tout petit caneton sort de son œuf en cassant sa coque.

아주 작은 새끼 오리 한 마리가 껍질을 깨고 알에서 나왔어요.

Suivi alors tous les autres œufs, bientôt une douzaine de petits canetons se câlinent à leur maman.

이어서 모든 다른 알들도 부화했고, 곧 12마리의 작은 새끼 오리들이 엄마에게 몸을 부볐어요.

« Que vous êtes beaux, quelle joie de vous voir ! » dit la cane.

"너희들이 어찌나 예쁜지, 너희를 보는 게 얼마나 큰 기쁨인지!" 엄마 오리가 말했어요.

Cependant un œuf, plus gros que les autres n'a pas encore éclos.

하지만 다른 알들보다 더 커다란 알 하나는 아직 부화하지 않았죠.

« Mais que se passe-t-il avec celui-ci ? » se demande la cane.

"이것(이 알)에 대체 무슨 일이 일어나고 있는 거야?" 엄마 오리는 의아하게 생각했어요.

 Vocabulaire

printemps **n.m.** 봄 | cane **n.f.** (집)오리의 암컷 | couver **v.** (새가) 알을 품다 | œuf **n.m.** (조류의) 알 | à côté de ~옆에 | étang **n.m.** 연못 | caneton **n.m.** 새끼 오리 | casser **v.** 깨다 | coque **n.f.** (알의) 껍질 | suivi(e) **a.** (다음으로) 이어지는, 연속되는 | se câliner **v.** 자신을 어루만지다 | Que [감탄사] 얼마나 | joie **n.f.** 기쁨 | éclore **v.** (알에서) 부화하다 | se passer **v.** (일, 사건이) 일어나다

'par'는 '~을 통하여'라는 경유의 의미나 '~에 의해'라는 수단의 의미로 자주 쓰이지만, 뒤에 날씨나 시기를 나타내는 명사가 오면 pendant, lors de와 같이 '~의 때에'로 해석합니다.

S + V, 즉 문장 전체를 강조하는 감탄문의 경우 문두에 Que를 붙이고, 명사를 강조할 경우 명사 앞에 quel(le)(s)을 붙입니다. 이때 quel은 명사에 맞추어 성수 일치시킵니다.

Quelques jours plus tard, ce dernier œuf éclos, un petit oiseau chancelant en sort.

며칠 후, 마지막 알이 부화하고 비틀거리는 작은 새 한 마리가 거기서 나왔어요.

Tous les canetons et leur maman l'observent.

모든 새끼 오리들과 엄마 오리가 그를 지켜보고 있었어요.

« Qu'il est laid ! Jamais je n'ai vu un tel caneton ! » s'exclame la mère.

"어쩜 이렇게 못생겼을 수가! 나는 이런 새끼 오리는 한 번도 본 적이 없어!" 엄마 오리가 소리쳤어요.

La mère doute que ce petit laideron survive.

엄마 오리는 이 못생긴 새끼 오리가 살아남을 수 있을지 의심스러웠어요.

« Peut-il au moins nager ? » se demande-t-elle.

"얘가 하다못해 수영은 할 수 있을까?" 그녀는 의아했어요.

Elle le pousse à l'eau et est surprise de le voir si bien nager, même mieux que les autres canetons.

엄마 오리는 미운 오리 새끼를 물로 밀었고, 그가 수영을 이토록 잘하는 것을, 심지어는 다른 새끼 오리들보다도 더 잘하는 것을 보고 놀랐어요.

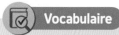 Vocabulaire

chanceler **v.** 비틀거리다, 비실대다 | laid(e) **a.** (용모가) 못생긴, 추한 | tel(le) **a.** 그러한, 이러한 | s'exclamer **v.** 탄성을 발하다, 소리를 치다, 감탄하다 | douter **v.** 의심하다, 의심스럽게 생각하다 | nager **v.** 수영하다 | pousser **v.** 밀다

douter que S + V에서 V는 접속법을 사용합니다. 'La mère doute que ce petit laideron survive.'에서 survive는 3인칭 단수의 접속법 현재형입니다. (cf. survivre 동사의 직설법 현재형은 survit입니다.)

bien의 우등 비교는 plus bien이 아니라 mieux를 씁니다. bien은 부사이므로 명사에 성수 일치시키지 않습니다. (cf. bon의 우등 비교급은 plus bon이 아니라 meilleur(e)(s)이며, bon은 형용사이므로 명사에 맞추어 성수 일치시킵니다.)

« Je vais vous présenter les autres animaux de la ferme, mais attention au chat, ou il vous dévorera ! »

"너희들에게 농장의 다른 동물들을 소개해 줄게. 하지만 고양이는 조심하렴! 그렇지 않으면 고양이가 너희들을 잡아먹을 거야!"

Tous les petits se présentent aux animaux.

모든 새끼 오리들이 동물들에게 자기소개를 했어요.

Mais chaque fois que le dernier se présente, il y a toujours la même réaction :

하지만 막내(미운 오리 새끼)가 자기소개를 할 때마다, 항상 같은 반응이 돌아왔어요.

« Qu'il est affreux ! Mais qu'est-ce donc ? »

"얘는 어쩜 이렇게 못생겼니! 얜 도대체 뭐야?"

« Comment osez-vous, quand il sera grand il sera très beau et il nage bien mieux que ses frères et sœurs ! » répond la cane.

"너희들이 감히! 자라면 더 아름다워질 거고, 그 애는 자기 형제자매들보다 수영도 훨씬 잘해!" 엄마 오리가 대답했어요.

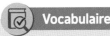
Vocabulaire

ferme **n.f.** 농장 | attention à ~에 주의(하다) | se présenter **v.** 자기를 소개하다 | affreux(se) **a.** 끔찍한, 무시무시한, 흉측한, 몹시 추한 | oser **v.** 대담하게 ~하다, 가당찮게 ~하다

faire attention à는 '~에 주의하다'라는 의미이며, 명령문으로 쓰일 때는 faire를 생략하고 쓰이는 경우가 많습니다. Attention ! (조심해!), Attention à + ~ (~를 조심해!)와 같이 쓰입니다.

oser + 동사 원형은 '대담하게/가당찮게/감히 ~하다'라는 의미입니다. 부정문으로 'ne pas oser + 동사 원형'의 형태로 쓰이면 '차마/용기 내어/감히 ~하지 못하다'로 해석됩니다.

마무리하기

1 각 단어의 알맞은 뜻을 찾아 연결하세요.

① cane　　　　　•

② éclore　　　　•

③ oser　　　　　•

④ coque　　　　•

⑤ laid(e)　　　•

　　　　• ⓐ 대담하게 ~하다, 가당찮게 ~하다

　　　　• ⓑ (용모가) 못생긴, 추한

　　　　• ⓒ (알의) 껍질

　　　　• ⓓ (알에서) 깨어나다, 부화하다

　　　　• ⓔ (집)오리의 암컷

2 괄호 안에 들어갈 동사의 형태로 알맞은 것을 고르세요.

La mère doute que ce petit laideron (　　　　　).

① survit

② survive

③ survis

④ survivre

3 괄호 안에 들어갈 말로 알맞은 것끼리 짝지어진 것을 고르세요.

« Je vais vous présenter les autres animaux de la ferme, mais attention (　　) chat, ou il vous (　　　　) ! »

① au, dévorera

② de, dévorer

③ au, dévora

④ de, dévoreront

4 밑줄 친 부분에 들어갈 말을 쓰세요.

① Quelques jours plus tard, ce dernier œuf éclos, un petit oiseau chancelant
_____ _____.

며칠 후, 마지막 알이 부화하고 비틀거리는 작은 새 한 마리가 거기서 나왔어요.

② « _____il est laid ! _____ je __ai vu un _____ caneton ! »

"어쩜 이렇게 못생겼을 수가! 나는 이런 새끼 오리는 한 번도 본 적이 없어!"

③ « _____ _____, quand il sera grand il sera très beau et
il nage bien _____ _____ ses frères et sœurs ! »

"너희들이 감히! 자라면 더 아름다워질 거고, 그 애는 자기 형제자매들보다 수영도 훨씬 잘해!

5 동화에서 배운 표현을 활용하여 작문해 보세요.

알 하나가 아직 부화하지 않았다.

➡ _____

미운 오리 새끼 | **65**

09-10강

—

미운 오리 새끼 ❷

Le Vilain Petit Canard

ÉTAPE 1

오늘의 줄거리

오늘의 주요 문장 미리 보기

- Plus les jours passent et moins il ressemble à sa couvée.

- « Nous n'avons jamais vu un canard aussi vilain ! Tu peux rester ici, mais ne t'avise pas de nous suivre. »

- En se mirant dans l'eau il s'aperçoit qu'il n'est plus ce laid caneton mais un beau cygne blanc comme ces autres oiseaux qui viennent le saluer.

동화 속으로!

원어민 음성 파일로 동화를 들은 뒤 한 문장씩 읽어 보세요.

Plus les jours passent et moins il ressemble à sa couvée.

날이 갈수록, 그는 자신의 형제들을 덜 닮아 갔어요.

Chaque fois qu'il croise le chemin d'un animal, on se moque de lui, en le traitant des pires insultes qu'un caneton puisse entendre.

그는 길에서 다른 동물과 마주칠 때마다, 새끼 오리가 들을 수 있을 최악의 모욕을 들으며 놀림을 받았어요.

Un jour, le petit caneton en a assez et décide de fuguer, loin de cette basse-cour.

어느 날, (이런 취급에) 넌더리가 난 새끼 오리는 이 가금 사육장으로부터 멀리 가출하기로 결심했어요.

Lorsqu'il se réveille au petit matin, des canards sauvages l'entourent.

그가 새벽에 깼을 때, 야생 오리들이 그를 둘러싸고 있었어요.

« Nous n'avons jamais vu un canard aussi vilain ! Tu peux rester ici, mais ne t'avise pas de nous suivre. »

"우리는 이제껏 이렇게 못생긴 오리를 본 적이 없어! 너는 여기 머물러도 돼, 하지만 우리를 따라 올 생각은 하지도 마."

Le caneton est alors bien solitaire, et pleure à chaudes larmes.

아주 외로워진 새끼 오리는 펑펑 울었어요.

 Vocabulaire

ressembler à **v.** ~을 닮다 | couvée **n.f.** 한 배의 병아리 새끼 | croiser **v.** 마주쳐 지나치다 | chemin **n.m.** 길, 여정 | se moquer de **v.** (~를) 놀리다 | traiter qn de **v.** ~라고 부르다, ~로 취급하다 | pire **a.** 가장 나쁜 | insulte **n.f.** 모욕 | en avoir assez **v.** (~이) 지긋지긋하다 | fuguer **v.** 가출하다 | basse-cour **n.f.** 가금 사육장 | canard **n.m.** 오리 | sauvage **a.** 야생의 | entourer **v.** (~을) 둘러싸다 | vilain(e) **a.** 못생긴 | s'aviser de **v.** (~을) 생각해 내다 | solitaire **a.** 외로운

 Tip

선행사가 최상급일 때, 관계 대명사절의 동사는 주로 접속법을 씁니다.

penser, réfléchir 등 '생각하다'라는 의미의 동사는 여러 가지가 있죠. s'aviser de 동사는 주로 부정문 형태로 '~할 생각은 하지도 마'라는 의미로 많이 사용합니다.

Il aperçoit des chiens qui aboient et des chasseurs courant vers lui, armés de fusils menaçants.

그는 짖어 대는 개들과 위협적인 총들로 무장하고 자신을 향해 달려오는 사냥꾼들을 보았어요.

Le petit canard se cache dans les roseaux, tremblant de peur que les humains le trouvent.

새끼 오리는 인간들이 그를 찾아낼까 하는 두려움에 몸을 떨며 갈대 속으로 숨었어요.

Ce soir-là, le vent souffle très fort et la neige tombe de plus en plus.

그날 저녁, 바람이 매우 강하게 불었고 눈이 점점 더 많이 내렸어요.

Le petit caneton trouve un abri dans une cabane.

새끼 오리는 한 오두막집에서 피난처를 발견했어요.

Il se glisse à l'intérieur mais y rencontre un chat, une poule et une fermière.

그는 안으로 살짝 들어갔지만 거기서 고양이와 암탉, 농장주를 마주쳤어요.

« Peux-tu pondre ou attraper les souris ? » demande la fermière.

"너 알을 낳거나 쥐를 잡을 수 있니?" 농장주가 물었어요.

« Non, je suis un canard. » répond-il.

"아뇨, 전 오리예요." 그가 대답했어요.

« Alors sors d'ici ! »

"그럼 여기서 썩 나가!"

Il part alors, et marche dans le froid. Il trouve alors un lac.

미운 오리 새끼는 (그곳을) 떠나 추위 속을 걸었어요. 그는 한 호수를 발견했어요.

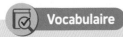
Vocabulaire

apercevoir **v.** (안 보이던 것을 갑자기) 보다, 알아차리다 | aboyer **v.** (개, 이리 등이) 짖다 | menaçant(e) **a.** 위협적인 | se cacher **v.** 숨다 | roseau(x) **n.m.** 갈대 | trembler de **v.** ~에 몸을 떨다 | abri **n.m.** 피난처 | cabane **n.f.** 오두막집 | se glisser **v.** 살짝 들어가다 | poule **n.f.** 암탉 | fermier(ère) **n.** 농장주 | pondre **v.** 알을 낳다 | attraper **v.** 잡다 | lac **n.m.** 호수

Le printemps arrive et les rayons du soleil réchauffent le petit canard.

봄이 오고, 햇빛이 새끼 오리의 몸을 덥혀 주었어요.

Il aperçoit de beaux oiseaux blancs voler au-dessus de lui qui se posent un peu plus loin.

그는 아름다운 흰 새들이 자신의 위로 날아서 조금 멀리 떨어진 곳에 자리 잡는 것을 보았어요.

Les beaux cygnes viennent vers lui.

아름다운 백조들이 그를 향해 다가왔어요.

Le canard pensant qu'ils allaient l'attaquer voulu baisser la tête et vit alors son propre reflet dans l'eau.

그들이 자신을 공격하려는 거라고 생각한 오리는 머리를 숙이려 했고, 그러면서 물에 비친 자신의 모습을 보았어요.

En se mirant dans l'eau il s'aperçoit qu'il n'est plus ce laid caneton mais un beau cygne blanc comme ces autres oiseaux qui viennent le saluer.

자신의 모습을 물에 비춰 보면서, 그는 자신이 더 이상 못생긴 새끼 오리가 아니라 그에게 인사하러 오는 다른 새들처럼 아름다운 흰 백조라는 것을 깨달았어요.

Il est alors heureux de pouvoir enfin être fier de lui et d'avoir trouvé sa famille.

그는 마침내 스스로를 자랑스러워 할 수 있게 되어서, 그리고 그의 가족을 찾게 되어서 행복했어요.

🔍 Vocabulaire

rayons du soleil `n.m.pl.` 햇빛 | **réchauffer** `v.` 데우다, 몸을 덥히다 | **au-dessus de** ~의 위에 | **cygne** `n.m.` 백조 | **attaquer** `v.` 공격하다 | **baisser** `v.` (자기의)(~을) 굽히다 | **reflet** `n.m.` 반영된(비친) 모습 | **saluer** `v.` (~에게) 인사하다 | **fier(ère)** `a.` 자랑스럽게 생각하는, 만족해 하는

 voulu(vouloir)와 vit(voir)는 단순 과거 시제입니다. 단순 과거 시제는 앞서 「백설 공주」 이야기에서 많이 봤었죠? voulu는 vouloir 동사의 p.p형과, vit는 vivre 동사의 현재 시제 3인칭 단수형과 형태가 같다는 점에 유의하세요!

1 각 단어의 알맞은 뜻을 찾아 연결하세요.

① fuguer   •   • ⓐ 종적을 감추다, 가출하다

② aboyer   •   • ⓑ (개, 이리 등이) 짖다

③ abri   •   • ⓒ ~을 닮다, ~와 비슷하다

④ cygne   •   • ⓓ 백조

⑤ ressembler   •   • ⓔ 피난처, 대피소, 임시 거처

2 괄호 안에 들어갈 말로 알맞은 것끼리 짝지어진 것을 고르세요.

> Il aperçoit des chiens qui aboient et des chasseurs (   ) vers lui,
> armés de fusils (   ).

① courants, menaçants   ② courissent, menacant

③ courant, menaçants   ④ courant, menaçant

3 괄호 안에 들어갈 동사로 알맞은 것끼리 짝지어진 것을 고르세요.

> Chaque fois qu'il croise le chemin d'un animal, on (   ) de lui, en le
> traitant des pires insultes qu'un caneton (   ) entendre.

① moque, peux   ② moques, peut

③ se moque, puisse   ④ se moque, puise

4 밑줄 친 부분에 들어갈 말을 쓰세요.

① _____ les jours passent et _____ il ressemble à sa couvée.

날이 갈수록, 그는 자신의 형제들을 덜 닮아 갔어요.

② « Tu peux rester ici, mais _____ _____ _____ __ _____ suivre. »

"여기 머물러도 돼, 하지만 우리를 따라올 생각은 하지도 마."

③ _____ __ _____ dans l'eau __ _____ _____ _____ _____ _____ _____ _____ _____ __ _____ _____ _____ comme ces autres

oiseaux qui viennent le saluer.

자신의 모습을 물에 비춰 보면서, 그는 자신이 더 이상 못생긴 새끼 오리가 아니라 그에게 인사하러 오는 다른 새들처럼 아름다운 흰 백조라는 것을 깨달았어요.

5 동화에서 배운 표현을 활용하여 작문해 보세요.

나는 (그것이) 지긋지긋하다.

➡ _____

_____

줄거리, 작가 및 교훈을 확인하고 작품을 더욱 깊게 이해해 봅시다.

 Le resumé 줄거리 요약

Un petit canard ne ressemble pas à ses frères et sœurs. Personne ne l'aime et tous le trouvent laid. Triste, il décide de partir de sa famille. Après un long voyage, il voit un jour un groupe de beaux cygnes. Il comprend alors qu'il n'est pas un petit canard mais un cygne. Il prend alors confiance en lui et est heureux de trouver sa vraie famille.

 L'auteur 작가

- « Le vilain petit canard » est un conte écrit en 1842 par Hans Christian Andersen.

- C'est un récit autobiographique de l'auteur puisqu'il est né dans une famille très pauvre. Enfant lorsqu'il récitait des pièces de théâtres à sa mère, elle le croyait fou. Il commence l'école à 18 ans, tous les élèves et les professeurs se moquent de lui. Maigre et grand, son physique ne plaisait pas. Il a connu de nombreuses critiques tout au long de sa vie. Il a donc toujours eu l'impression d'être différent.

récit **n.m.** 이야기 | autobiographique **a.** 자전적인

 La moralité 교훈

- L'histoire montre comment un enfant grandit et apprend à se connaître.

- Il ne faut pas juger les gens par leur apparence.

- Il ne faut pas renoncer à suivre nos passions afin de trouver notre place dans la société.

renoncer **v.** 버리다, 포기하다

십자말풀이 Les mots croisés

Horizontal

1. Un petit lac
3. Faire un œuf
5. Qui n'est pas beau
6. Le chien fait « ouaf ouaf »
8. Parole méchante
10. Émotion de bonheur

Vertical

2. Lieu où on est protégé
4. Qui est seul
7. Animal qui n'habite pas avec les hommes
9. Se pencher presque à tomber

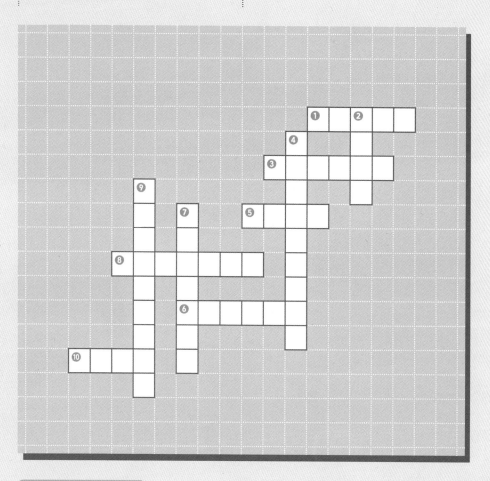

Les mots croisés 정답

Horizontal	① étang	③ pondre	⑤ laid	⑥ aboyer	⑧ insulte	⑩ joie
Vertical	② abri	④ solitaire	⑦ sauvage	⑨ chanceler		

La Petite Sirène

인어 공주

11강

인어 공주 ①

La Petite Sirène

ÉTAPE 1

오늘의 주요 문장 미리 보기

- Il était une fois un roi dont le royaume se situait au fond de la mer, et qui s'étendait sous les vagues, parmi les coraux et les algues.

- « Le jour de tes 15 ans, tu monteras à la surface de la mer, et tu pourras observer ce peuple. »

- Alors que le navire coule dans les flots, la petite sirène remarque le prince qui se débat dans les vagues.

동화 속으로!

원어민 음성 파일로 동화를 들은 뒤 한 문장씩 읽어 보세요.

Il était une fois un roi dont le royaume se situait au fond de la mer, et qui s'étendait sous les vagues, parmi les coraux et les algues.

옛날 옛적에 한 왕이 있었는데, 그의 왕국은 바닷속 깊은 곳에 위치해 있었고, 물결 아래 산호들과 해초들에도 그의 세력이 뻗어 있었어요.

Ce roi avait six filles. Ils vivaient tous ensemble dans un magnifique palais fait de coquillages nacrés.

이 왕에게는 여섯 명의 딸들이 있었어요. 그들은 자개 빛의 조개로 만든 멋진 궁전에서 모두 함께 살고 있었지요.

La reine était malheureusement morte et c'était la grand-mère qui s'occupait des filles.

불행히도 왕비는 죽었고, 딸들을 돌본 것은 바로 할머니였어요.

La cadette était la plus belle avec une chevelure magnifique et une queue aux reflets turquoise et argentés.

아름다운 머리칼과 옥색과 은빛 광택이 나는 꼬리를 가진 막내가 가장 아름다웠어요.

 Vocabulaire

se situer v. 위치하다 | **au fond de** ~의 끝에, 깊은 곳에 | **s'étendre** v. 펼쳐지다, (범위, 세력이) 미치다 | **vague** n.f. 파도, 물결 | **corail (coraux)** n.m. 산호, 산호초, 산호색 | **algue** n.f. 해초, 미역 | **palais** n.m. 궁전 | **coquillage** n.m. 조개, 조개껍질 | **nacré(e)** a. 자개 빛의 | **s'occuper de** ~를 돌보다 | **cadet (cadette)** n. (자식들 중) 둘째 아이, 막내, a. 손아래의 | **chevelure** n.f. 머리(털), 두발 | **queue** n.f. 꼬리 | **reflet** n.m. (부드러운) 반사광, 광택, 비친 모습 | **turquoise** n.m. 터키 옥색, 청록색, a. [불변] 터키 옥색의, 청록색의 | **argenté(e)** a. 은을 씌운, 은빛의

 Tip

six, dix가 자음으로 시작하는 명사 앞에 위치할 때는 x를 발음하지 않습니다. 따라서 six filles는 [씨 f피으]로 발음해야 합니다.

색깔 형용사의 경우 사물에서 비롯된 색깔 형용사는 성수 일치시키지 않습니다. orange(오렌지색), marron(밤색)과 마찬가지로 turquoise(터키 옥색) 역시 수식하는 명사의 성과 관계없이 불변의 형태로 쓰입니다.

Chaque soir, la grand-mère leur lit des histoires parlant d'un royaume qui se trouve sur la terre et où les personnes ont, non des queues, mais des « jambes ».

매일 저녁 할머니는 그들에게 사람들이 꼬리가 아닌 '다리'를 가지고 있는, 육지에 위치한 한 왕국의 이야기들을 읽어 주었어요.

La plus jeune sirène est la plus curieuse.

가장 어린 인어가 가장 호기심이 많았어요.

« Je veux voir ce fabuleux royaume ! » demande-t-elle.

"저는 이 멋진 왕국을 보고 싶어요!" 그녀가 부탁했어요.

« Le jour de tes 15 ans, tu monteras à la surface de la mer, et tu pourras observer ce peuple. » promit la grand-mère.

"네가 15살이 되는 날에(너의 15번째 생일에), 너는 바다 표면 위로 올라와서 이 사람들을 관찰할 수 있을 거야." 할머니가 약속했어요.

Les années passent et c'est au tour de la plus jeune, de monter voir le royaume des humains.

몇 년이 흐르고, 막내 인어가 인간의 왕국을 보러 올라갈 차례가 되었어요.

Au coucher du soleil, elle émerge des flots et aperçoit un magnifique navire.

해가 저물 때 그녀는 물결에서 떠올랐고 멋진 배를 발견했어요.

Elle est éblouie par cet objet.

그녀는 이 대상에 마음을 빼앗겼어요.

 Vocabulaire

se trouver **v.** 있다, 존재하다 | jambe **n.f.** (사람, 동물의) 다리 | sirène **n.f.** 인어, (그리스 신화) 세이렌 | fabuleux(se) **a.** 믿기 어려운, 엄청난 | promettre **v.** 약속하다 | tour **n.m.** 차례, 순번 | coucher du soleil **n.m.** 일몰, 석양 | émerger **v.** (수면 위로) 나타나다, 떠오르다, 출현하다 | flot **n.m.** (복수) 물결, 파도 | apercevoir **v.** 보다, 발견하다 | navire **n.m.** 배, 선박 | éblouir **v.** (강한 빛으로) 눈부시게 하다, 눈멀게 하다, 경탄을 불러일으키다, 마음을 사로잡다

 tour는 여성 명사로 쓰이면 '탑'이라는 뜻이지만(ex. La Tour Eiffel), 남성 명사로 쓰이면 '차례나 순번, 한 바퀴' 등의 의미를 나타냅니다. '~의 차례다'를 나타낼 때는 'C'est le(au) tour de qn'으로 쓸 수 있습니다.

Quand elle est sur le point de replonger, un prince apparaît sur le pont du bateau.

그녀가 물속에 다시 뛰어들려던 참에, 한 왕자가 배의 갑판 위에 나타났어요.

« Je n'ai jamais vu un homme si beau ! » pense-t-elle.

'나는 이제껏 이토록 잘생긴 남자를 본 적이 없어!' 그녀가 생각했어요.

La nuit, un vent terrible se lève, et une tempête violente fait chavirer le vaisseau.

밤이 되자 거센 바람이 불었고 격심한 폭풍우에 배가 뒤집혔어요.

Alors que le navire coule dans les flots, la petite sirène remarque le prince qui se débat dans les vagues.

배가 바닷속으로 가라앉을 때, 인어 공주는 파도 속에서 몸부림치는 왕자를 발견했어요.

Soudain, celui-ci perd conscience.

갑자기 그는 의식을 잃었어요.

La petite sirène, qui observe la scène de loin, va le secourir, garde la tête du prince hors de l'eau et le dépose sur la plage en sécurité.

멀리서 이 장면을 보고 있던 인어 공주는 그를 구하러 갔고, 왕자의 머리를 물 밖으로 유지한 후 해변가에 그를 안전하게 내려 놓았어요.

 Vocabulaire

être sur le point de 막 ~하려는 참이다 | replonger **v.** (물속에) 다시 뛰어들다 | pont **n.m.** 갑판 | se lever **v.** (바람이) 불다, 일다 | tempête **n.f.** 폭풍우, (바다의) 격심한 풍랑 | chavirer **v.** (배가) 뒤집히다, 전복되다 | vaisseau **n.m.** (커다란) 배, 선박 | alors que ~때, ~인 가운데, ~인 데 비해 | couler **v.** (배가) 침몰하다, (사람이) 물에 빠지다 | remarquer **v.** 알아차리다 | se débattre **v.** 발버둥 치다, 몸부림치다 | soudain **adv.** 갑자기, 별안간 | perdre **v.** 잃다, 잃어버리다 | conscience **n.f.** 의식, 인식 | secourir **v.** (위험에서 빠져 나오도록) 돕다, 구조하다 | garder **v.** 유지하다, 보호하다, 지키다 | hors de ~밖에 | déposer **v.** 내려놓다, 두다

 navire, bateau, vaisseau 모두 '배'를 뜻하는 어휘지만 뉘앙스에는 차이가 있습니다. bateau는 '강이나 운하를 주로 다니는 배'를, navire는 '커다란 선박'을 의미하며, vaisseau는 현대에는 많이 쓰이지 않는 단어로 산업 선보다는 '군함용 배'를 뜻합니다.

마무리하기

1 각 단어의 알맞은 뜻을 찾아 연결하세요.

① sirène •   • ⓐ 꼬리

② queue •   • ⓑ 인어

③ tempête •   • ⓒ 폭풍우, (바다의) 격심한 풍랑

④ flot •   • ⓓ (위험에서 빠져나오도록) 돕다, 구조하다

⑤ secourir •   • ⓔ (복수) 물결, 파도

2 괄호 안에 들어갈 éblouir 동사의 형태로 알맞은 것을 고르세요.

> Au coucher du soleil, elle émerge des flots et aperçoit un magnifique navire.
> Elle (   ) par cet objet.

① est éblouie   ② éblouie

③ avait été éblouie   ④ éblouit

3 괄호 안에 들어갈 말로 알맞은 것끼리 짝지어진 것을 고르세요.

> La cadette était la plus belle (   ) une chevelure magnifique et une queue
> (   ) reflets turquoise et argentés.

① que, à   ② de, au

③ à, de   ④ avec, aux

4 밑줄 친 부분에 들어갈 말을 쓰세요.

① Il était une fois un roi _____ le royaume se situait au fond de la mer, et _____ _____ sous les vagues, parmi les coraux et les algues.

옛날 옛적에 한 왕이 있었는데, 그의 왕국은 바닷속 깊은 곳에 위치해 있었고, 물결 아래 산호들과 해초들에도 그의 세력이 뻗어 있었어요.

② « Le jour de tes 15 ans, tu _____ à la surface de la mer, et tu _____ observer ce peuple. »

"네가 15살이 되는 날에(너의 15번째 생일에), 너는 바다 표면 위로 올라와서 이 사람들을 관찰할 수 있을 거야."

③ _____ _____ le navire coule dans les flots, la petite sirène remarque le prince _____ _____ _____ dans les vagues.

배가 바닷속으로 가라앉을 때, 인어 공주는 파도 속에서 몸부림치는 왕자를 발견했어요.

5 동화에서 배운 표현을 활용하여 작문해 보세요.

그들은 막 외출하려는 참이다.

➡ ....

🔑 Clés sortir **v.** 외출하다

12강

인어 공주 ❷

La Petite Sirène

오늘의 줄거리

ÉTAPE 1

오늘의 주요 문장 미리 보기

- Quelquefois, seulement, elle l'aperçoit se promener sur la plage ou le fort du château accompagné d'une princesse qui est prise à tort pour la sauveuse.

- « Quel que soit le prix, je le paierai. »

- Sa nageoire se transforme en deux jambes comme par magie.

동화 속으로!

원어민 음성 파일로 동화를 들은 뒤 한 문장씩 읽어 보세요.

Au petit matin, la princesse du royaume voisin aperçoit le prince étendu sur la plage et vient à son secours.

이른 아침에, 이웃 왕국의 공주가 바닷가에 누워 있는 왕자를 발견하고 그를 구하러 왔어요.

La petite sirène qui s'était alors cachée derrière un rocher, a eu le cœur serré en pensant que plus jamais elle ne reverrait ce beau capitaine.

바위 뒤에 숨어 있었던 인어 공주는 이 잘생긴 선장(왕자)을 이제 다시는 볼 수 없을 거라는 생각에 가슴이 아팠어요.

« Tous les jours, je monterai à la surface de l'océan et viendrai me cacher ici. Avec un peu de chance, je le verrai. » pense la petite sirène, pleine d'espoir.

"매일 나는 바다 표면 위로 올라와 여기 와서 숨어 있을 거야. 운이 좋으면 그를 볼 수 있겠지." 인어 공주가 희망에 차서 생각했어요.

Quelquefois, seulement, elle l'aperçoit se promener sur la plage ou le fort du château accompagné d'une princesse qui est prise à tort pour la sauveuse.

그녀는 가끔 그(왕자)가 자신을 구해준 여인이라고 착각하고 있는 공주와 함께 해변이나 성의 요새를 산책하는 것을 볼 뿐이었어요.

Vocabulaire

petit matin **n.m.** 이른 아침, 새벽 | voisin(e) **a.** 이웃의, 인접한 | étendu(e) **a.** 누운, 누워 있는, 펼쳐진 | secours **n.m.** 도움, 구조 | rocher **n.m.** 바위, 암벽 | serré(e) **a.** 죄는, 억눌린, 쥐어짜는 듯한 | capitaine **n.m.** 함장, (상선의) 선장, 장, 우두머리 | océan **n.m.** 대양, 대해 | plein(e) de ~로 가득한 | espoir **n.m.** 희망, 기대 | quelquefois **adv.** 이따금, 가끔 | fort **n.m.** 요새, 성채 | accompagné(e) de ~를 동반한 | à tort 잘못 알고, 부당하게 | sauveur(se) **n.** 구원자, 구조자, 은인

Tip 'La petite sirène qui s'était alors cachée derrière un rocher'에서 s'était cachée는 대과거 시제(être 동사의 반과거 + p.p)입니다. 특정 과거의 일보다 더 이전에 일어난 일을 나타낼 때 대과거를 사용합니다.

La petite sirène est de plus en plus triste de devoir se contenter de l'épier ainsi.

인어 공주는 이렇게 그를 몰래 바라보는 것에 만족해야만 하는 것이 점점 더 슬퍼졌어요.

Elle décide alors de consulter la sorcière des mers.

그래서 그녀는 바다 마녀를 찾아가기로 결심했지요.

« Je sais pourquoi tu es venue, petite. » dit-elle en ricanant.

"나는 네가 왜 왔는지 안단다, 아가야." 마녀가 조소하며 말했어요.

« Tu es amoureuse de ton prince et tu veux le rejoindre au royaume des humains. Je peux si tu le souhaites transformer ta queue en jambes mais, il y a un prix à payer ! »

"너는 왕자에게 사랑에 빠졌구나. 그리고 인간들의 왕국에서 그와 함께 살고 싶은 거고. 네가 원한다면 나는 네 꼬리를 다리로 바꿔 줄 수 있단다. 하지만 치러야 할 대가가 있지!"

« Quel que soit le prix, je le paierai. » jure-t-elle.

"대가가 무엇이든 간에 치르겠어요." 인어 공주가 맹세했어요.

« Je te donne des jambes mais je te prends ta jolie voix. Et si le prince ne t'aime pas d'un amour sincère, alors tu te transformeras en écume de mer et disparaîtras à jamais. »

"나는 너에게 다리를 주고 너는 나에게 네 아름다운 목소리를 주는 거야. 그리고 만약 왕자가 너를 진심으로 사랑하지 않으면, 너는 바다의 거품으로 변해서 영원히 사라지게 될 게야!"

 Vocabulaire

se contenter (de) v. 만족해다 | **épier** v. 몰래 감시하다, 염탐하다 | **consulter** v. 상담하다, 문의하다, 찾다 | **sorcier(ère)** n. 마법사, 마술사, 마녀, 주술사 | **ricaner** v. 조소하다, 비웃다 | **prix** n.m. 값, 가격, 대가, 희생 가치 | **quel(le) que soit + 명사** ~가 무엇이건 간에 | **jurer** v. 맹세하다, 서약하다, 단언하다 | **voix** n.f. 목소리, 음성 | **sincère** a. 진심 어린, 진실된 | **se transformer** v. 변화하다 | **écume** n.f. 거품 | **disparaître** v. 사라지다, 없어지다 | **à jamais** 영원히, 언제까지나

> Tip
> payer, essayer 등 '-ayer'로 끝나는 동사들은 현재 시제 동사 변화에서 (1) 1군 동사 변형 규칙을 그대로 적용하거나, (2) nous, vous를 제외한 인칭에서 y를 i로 바꿔 주는 두 가지 형태를 모두 허용합니다. 단순 미래도 마찬가지로 'payerai', 'paierai' 두 가지 형태 모두 가능합니다.

« Je l'accepte ! » répond la petite sirène.

"받아들이겠어요!" 인어 공주가 대답했어요.

La sorcière lui confie alors une fiole avec une potion magique.

그러자 마녀는 마법의 물약이 든 약병을 그녀에게 주었어요.

La petite sirène se dirige vers la plage et une fois arrivée, boit cette fiole au goût amer.

인어 공주는 바닷가로 향했고, 도착하자마자 씁쓸한 맛의 이 물약을 마셨어요.

Sa nageoire se transforme en deux jambes comme par magie.

그녀의 지느러미가 마법처럼 두 다리로 바뀌었어요.

Le prince qui se promène alors sur la plage l'aperçoit.

바닷가를 산책하던 왕자가 그녀를 발견했어요.

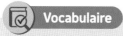 **Vocabulaire**

confier **V.** 맡기다, 위임하다, 털어놓다 | fiole **n.f.** 유리병, 약병 | potion **n.f.** 물약 | se diriger **V.** (~쪽으로) 향하다 | une fois + p.p 일단 ~하자마자 | amer(ère) **a.** 쓴, 씁쓸한 | nageoire **n.f.** 지느러미 | magie **n.f.** 마법, 마술

 Une fois arrivée 에서 arrivée는 주어인 la petite sirène에 성수 일치시킨 것입니다.

1 각 단어의 알맞은 뜻을 찾아 연결하세요.

① sauveur •   • ⓐ 희망, 기대

② espoir •   • ⓑ 거품

③ écume •   • ⓒ 변화하다

④ se transformer •   • ⓓ 구원자, 구조자, 은인

⑤ voix •   • ⓔ 목소리, 음성

2 괄호 안에 들어갈 '구조하러 오다' 표현으로 알맞은 것을 고르세요.

> Au petit matin, la princesse du royaume voisin aperçoit le prince étendu sur la plage et (   ).

① venue son secours   ② vient à son secours

③ vienne sa secours   ④ venait à sa secours

3 괄호 안에 들어갈 말로 알맞은 것끼리 짝지어진 것을 고르세요.

> « Tu es amoureuse de ton prince et tu veux le rejoindre au royaume des humains. Je peux si tu le souhaites transformer ta queue (   ) mais, il y a un prix (   ) ! »

① aux jambes, de payer   ② en écume de mer, à confier

③ en jambes, à payer   ④ en jambe, à gagner

4 밑줄 친 부분에 들어갈 말을 쓰세요.

① Quelquefois, seulement, elle l'aperçoit se promener sur la plage ou
le fort du château _____ _____ une princesse qui _____ _____ __
_____ _____ la sauveuse.

그녀는 가끔 그(왕자)가 자신을 구해준 여인이라고 착각하고 있는 공주와 함께 해변이나 성의 요새
를 산책하는 것을 볼 뿐이었어요.

② « _____ _____ _____ le prix, je le paierai. »

"대가가 무엇이든 간에 치르겠어요."

③ Sa nageoire _____ _____ _____ deux jambes comme par magie.

그녀의 지느러미가 마법처럼 두 다리로 바뀌었어요.

5 동화에서 배운 표현을 활용하여 작문해 보세요.

나는 의사를 찾아가기로(상담 받기로) 결심했다.

➡

> Clés
> consulter **v.** 상담하다, 문의하다, 찾다 | médecin **n.** 의사

13-14강

인어 공주 ❸

La Petite Sirène

ÉTAPE 1

오늘의 주요 문장 미리 보기

- La sirène essaie de répondre mais aucun son ne sort de sa bouche.

- Comme ils passent plus de temps ensemble, l'amour de la petite sirène pour le prince s'approfondit et son chagrin grandit aussi.

- « Si tu l'enfonces dans le cœur du prince ce soir, alors tu seras délivrée du sort qui te lie à la sorcière et tu pourras revenir parmi nous. »

동화 속으로!

원어민 음성 파일로 동화를 들은 뒤 한 문장씩 읽어 보세요.

« Comment t'appelles-tu ? » demande-t-il.

"너는 이름이 뭐니?" 그(왕자)가 물었어요.

La sirène essaie de répondre mais aucun son ne sort de sa bouche.

인어 공주는 대답하려고 했지만 그녀의 입술에서는 어떤 소리도 나오지 않았어요.

Ils se baladent longtemps ensemble, la petite sirène est éperdument amoureuse de son prince.

그들은 오랫동안 함께 산책했고, 인어 공주는 왕자에게 정신없이 빠져들었어요.

Malheureusement, le prince considère que la petite sirène n'est qu'une bonne amie.

하지만 불행히도 왕자는 인어 공주를 좋은 친구로만 생각했지요.

Il ne sait pas que c'est elle qui lui a vraiment sauvé la vie.

그는 실제로 자신을 구해준 사람이 그녀라는 것을 알지 못했어요.

Le prince laisse la pauvre sirène muette vivre dans son château.

왕자는 이 불쌍한 벙어리 인어 공주가 그의 성에 살도록 해 주었어요.

Vocabulaire

essayer v. 시도하다 | son n.m. 소리, 음 | bouche n.f. 입 | se balader v. 산책하다 | éperdument adv. 미친 듯이, 제정신을 잃고, 필사적으로 | malheureusement adv. 불행하게도 | ne ~ que 단지, ~밖에 | sauver v. 구하다 | laisser qn + inf ~이 ~하게 내버려두다 | pauvre a. 불쌍한, 가난한 | muet(te) a. 벙어리의, 말을 못하는, n. 벙어리

 Tip
pauvre는 명사 앞에 쓰이면 '불쌍한', 뒤에 쓰이면 '가난한'의 의미를 가집니다. 또한 단독으로 정관사, 소유 형용사와 결합하여 'le pauvre', 'la pauvre' (불쌍한 그/그녀), 'mon pauvre', 'ma pauvre' (친한 사이에 - 불쌍한 것)으로도 쓸 수 있습니다.

Comme ils passent plus de temps ensemble, l'amour de la petite sirène pour le prince s'approfondit et son chagrin grandit aussi.

그들이 더 많은 시간을 함께 보낼수록 왕자에 대한 인어 공주의 사랑은 더 깊어졌고, 그녀의 슬픔도 커졌어요.

La petite sirène veut dire au prince que c'est elle qui l'a sauvé, mais elle ne peut rien dire parce qu'elle a perdu sa voix.

인어 공주는 그를 구한 것은 바로 그녀(자신)라고 왕자에게 말하고 싶었지만, 목소리를 잃었기 때문에 아무것도 말할 수 없었어요.

Elle est condamnée à regarder le prince et la princesse se rapprocher.

그녀는 왕자와 공주가 서로 가까워지는 것을 바라볼 수밖에 없었어요.

Les jours passent et le prince décide d'épouser la princesse.

여러 날들이 지나고 왕자는 공주와 결혼하기로 결심했어요.

Il annonce alors cette bonne nouvelle à la petite sirène.

그리고 그는 이 좋은 소식을 인어 공주에게 알렸어요.

Le mariage du prince et de cette princesse a lieu sur le navire.

왕자와 공주의 결혼식은 배 위에서 치러졌어요.

Le soir des noces, la petite sirène attend sur le pont du bateau.

결혼식 날 저녁, 인어 공주는 배 갑판 위에서 기다렸어요.

Vocabulaire

Comme S + V ~함에 따라서 | s'approfondir v. 더 깊어지다 | chagrin n.m. (마음의) 괴로움, 고통, 슬픔, 비애 | condamné(e) a. 유죄 선고를 받은, 강요된 | se rapprocher v. (더욱) 친밀한 사이가 되다 | épouser v. (~와) 결혼하다 | nouvelle n.f. 소식 | mariage n.m. 결혼, 혼인, 결혼식 | avoir lieu v. 개최되다, 일어나다 | noces n.f.pl. 결혼, 혼인, 결혼식

본문에서 '결혼'을 뜻하는 단어로 mariage, noces 두 가지 단어가 쓰였습니다. 두 사람이 부부가 되는 상호간의 약속이자 계약으로서의 '결혼'을 표현할 때는 'mariage'를 사용합니다. 'noces'는 피로연 등 여러 가지 절차를 포함한 행사로서의 '결혼, 결혼식'을 나타냅니다.

Soudain, ses cinq sœurs apparaissent à la surface de l'eau.

갑자기, 그녀의 다섯 언니들이 수면 위로 나타났어요.

Les longs cheveux de ses sœurs ont disparu.

언니들의 긴 머리카락은 사라져 있었죠.

« La sorcière a pris nos cheveux en échange de ce poignard. » dit l'une d'elles.

"마녀가 이 단도를 주는 대가로 우리의 머리카락을 가져갔어." 그녀들 중 한 명이 말했어요.

« Si tu l'enfonces dans le cœur du prince ce soir, alors tu seras délivrée du sort qui te lie à la sorcière et tu pourras revenir parmi nous. »

"만약 네가 오늘 저녁에 이것을 왕자의 심장에 꽂으면, 너는 너를 마녀에게 묶어 두었던 저주에서 풀려날 거고, 우리에게로 다시 돌아올 수 있을 거야."

La petite sirène saisit le poignard puis va au chevet du prince qui dort.

인어 공주는 단도를 쥐고서 자고 있는 왕자의 곁으로 갔어요.

« Je ne pourrai jamais faire cela, mon amour est trop grand pour toi. » se lamente-t-elle.

"나는 결코 그런 짓을 할 수 없을 거야. 너를 향한 내 사랑이 너무 큰 걸." 그녀가 한탄했어요.

Alors de retour sur le pont du bateau, elle lance le poignard dans les flots et se transforme en écume.

배의 갑판 위로 돌아온 그녀는 바다 속에 단도를 던지고 거품으로 변해 버렸어요.

 Vocabulaire

en échange 그 대신, 그 대가로 | poignard **n.m.** 단도, 단검 | enfoncer **v.** 찔러 넣다, 꽂다 | délivrer **v.** 해방시키다 | sort **n.m.** 저주, 주문, 운명 | lier **v.** 연결하다, 구속하다, 의무를 지우다 | saisir **v.** 잡다 | chevet **n.m.** 침대의 머리, 머리맡 | au chevet de ~의 곁에 | se lamenter **v.** 동탄하다, 한탄하다 | de retour 돌아온 | lancer **v.** 던지다

 de retour는 revenu와 유사하게 '돌아온'이라는 의미로 사용할 수 있습니다. '~로부터 돌아온'이라고 할 경우 'revenu de~', '~로 돌아온'이라고 할 경우 'revenu à ~'를 사용할 수 있고, 그 밖에도 상황에 맞게 적절한 전치사와 함께 쓰일 수 있습니다.

1 각 단어의 알맞은 뜻을 찾아 연결하세요.

① enfoncer •   • ⓐ 유죄 선고를 받은, 강요된

② sort •   • ⓑ 단도, 단검

③ poignard •   • ⓒ 저주, 주문, 운명

④ son •   • ⓓ 소리, 음

⑤ condamné(e) •   • ⓔ 찔러 넣다, 꽂다

2 괄호 안에 들어갈 동사로 알맞은 것을 고르세요.

> Elle est condamnée à regarder le prince et la princesse ( ).

① rapprocher   ② se rapprochent

③ rapprochant   ④ se rapprocher

3 괄호 안에 들어갈 말로 알맞은 것을 고르세요.

> Le prince laisse la pauvre sirène ( ) vivre dans son château.

① muet   ② sourd

③ muette   ④ aveugle

4 밑줄 친 부분에 들어갈 말을 쓰세요.

① La sirène essaie de répondre mais _____ son _____ sort de sa bouche.

인어 공주는 대답하려고 했지만 그녀의 입술에서는 어떤 소리도 나오지 않았어요.

② _____ ils passent plus de temps ensemble, l'amour de la petite sirène pour le prince _____ et son chagrin grandit aussi.

그들이 더 많은 시간을 함께 보낼수록 왕자에 대한 인어 공주의 사랑은 더 깊어졌고, 그녀의 슬픔도 커졌어요.

③ « __ tu l'_____ dans le cœur du prince ce soir, alors tu _____ _____ _____ sort qui te lie à la sorcière et tu _____ revenir parmi nous. »

"만약 네가 오늘 저녁에 이것을 왕자의 심장에 꽂으면, 너는 너를 마녀에게 묶어 두었던 저주에서 풀려날 거고, 우리에게로 다시 돌아올 수 있을 거야."

5 동화에서 배운 표현을 활용하여 작문해 보세요.

> 그를 구한 건 바로 나야.

➡ ....

❶ ① ⓔ ② ⓒ ③ ⓑ ④ ⓓ ⑤ ⓐ   **❷** ④   **❸** ③

❹ ① aucun / ne   ② Comme / s'approfondit   ③ Si / enfonces / seras délivrée du / pourras

❺ C'est moi qui l'ai sauvé.

인어 공주 | **93**

줄거리, 작가 및 교훈을 확인하고 작품을 더욱 깊게 이해해 봅시다.

 **Le resumé** 줄거리 요약

Une petite sirène tombe amoureuse d'un homme humain. Elle fait un marché avec une sorcière. Elle échange ses nageoires contre des jambes dans l'espoir que le prince la remarque. Malheureusement, même devenue humaine, le prince épouse une autre femme. La petite sirène même très triste ne réussit pas à le tuer et disparaît dans l'écume.

faire un marché 거래하다

 L'auteur 작가

- C'est en 1837 que le conte de la petite sirène est publié. Hans Christian Andersen est un célèbre auteur et conteur danois. Il a été moqué et méprisé par les Danois pendant de nombreuses années. En 1860, il devient le conteur officiel de la famille du roi du Danemark, Christian IX.

- Il a écrit 156 contes dans sa vie. Le conte de la petite sirène serait un conte autobiographique, racontant son amour impossible pour un autre homme. On peut voir la statue de la petite sirène à Copenhague au Danemark.

danois(e) n. 덴마크인(의), a. 덴마크의 | statue n.f. 조각상

 La moralité 교훈

- Il ne faut pas vouloir changer ce qu'on est. Si on se force à être quelqu'un d'autre, il nous arrivera malheur.

- Il faut se satisfaire de ce qu'on possède déjà. Il faut être réaliste.

se forcer v. 무리해서 ~하다

십자말풀이 Les mots croisés

Horizontal

1. Émerveiller, fasciner
3. Être né en deuxième ou en dernier
5. Rendre quelqu'un ou quelque chose libre
7. Un éclat brillant ou une image donnée par un miroir
9. Allongé de tout son long

Vertical

2. Rire de façon méprisante
4. Grande tristesse
6. Un petit couteau
8. La partie du corps qui aide les poissons à nager

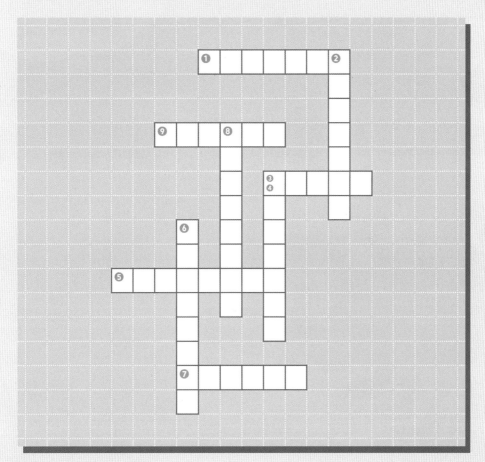

Le Petit Chaperon Rouge

빨간 모자

15강

빨간 모자 ❶

Le Petit Chaperon Rouge

 오늘의 줄거리

ÉTAPE 1

오늘의 주요 문장 미리 보기

- « Surtout, ne t'attarde pas en chemin, ne fais pas de détour vers le fond de la forêt et ne parle pas aux inconnus. »

- Cependant, marchant sur le chemin, le Petit Chaperon Rouge ne voit pas qu'un loup à quelques pas derrière l'espionne d'un œil affamé.

- Le Petit Chaperon Rouge, voulant faire plaisir à sa grand-mère, se met à cueillir les belles fleurs.

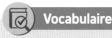 동화 속으로!

원어민 음성 파일로 동화를 들은 뒤 한 문장씩 읽어 보세요.

Il était une fois une mignonne petite fille.

옛날 옛적에 작고 귀여운 한 소녀가 있었어요.

Elle avait reçu en cadeau un magnifique chaperon de couleur rouge.

그녀는 빨간색의 멋진 모자를 선물로 받았었죠.

Elle aimait tellement ce vêtement, qu'elle le portait chaque jour.

그녀는 이 옷(어깨까지 덮이는 모자)을 너무나도 좋아해서 매일 그것을 쓰고 다녔어요.

C'est ainsi que tous les villageois la surnommaient « Petit Chaperon Rouge ».

그래서 모든 마을 사람들은 이 소녀를 '빨간 모자'라는 별명으로 불렀어요.

 Vocabulaire

recevoir **v.** 받다 | chaperon **n.m.** (어깨까지 덮이는) 모자의 일종, 두건 | vêtement **n.m.** 옷 | villageois(e) **a.** 시골의, 시골 사람의, **n.** 시골 사람 | surnommer **v.** 별명을 붙이다

> **Tip** avait reçu는 'avoir 동사의 반과거 + p.p'로 이루어진 대과거 시제입니다. 일반적으로 동화에서 배경을 묘사할 때는 반과거 시제를 사용하는데, 이 배경보다 먼저 일어난 일임을 나타내기 위해 대과거 시제를 사용했습니다.

Un jour, sa mère confie à sa petite fille une mission :

어느 날, 그녀의 어머니가 작은 소녀에게 한 가지 심부름을 시켰어요.

« S'il te plaît, amène cette galette et ce petit pot de confiture à
ta grand-mère malade. Va vite lui porter avant que la nuit ne
tombe. Va, tu es bien gentille ! »

"부탁한다, 이 갈레트와 잼 한 병을 편찮으신 너희 할머니에게 가지고 가려무나. 밤이 되기 전에
빨리 할머니께 가져다 드리렴. 어서 가, 착하지!"

Avant que la petite fille ne passe le pas de la porte, sa mère lui
fait une dernière recommandation.

소녀가 문을 나서기 전에 그녀의 어머니는 소녀에게 마지막 충고를 했어요.

« Surtout, ne t'attarde pas en chemin, ne fais pas de détour vers
le fond de la forêt et ne parle pas aux inconnus. »

"무엇보다도, 가는 길에 꾸물거리지 말고, 숲 속 깊은 곳으로 돌아가지 말고, 그리고 낯선 사람과
이야기하지 말거라."

« Je ferai comme tu as dit maman ! » jura alors la petite fille.

"엄마가 말한 대로 할게요!" 소녀가 약속했어요.

 **Vocabulaire**

confier **v.** 맡기다, 부탁하다, 위임하다 | mission **n.f.** 임무 | amener **v.** 가지고 가다 | confiture
n.f. 잼, 과일의 설탕절임 | porter **v.** 입다, 들다, 전달하다, 가져오다(가다) | la nuit tombe 밤이 되다 |
pas de la porte **n.m.** 문지방, 문턱, 입구 | dernier(ère) **a.** 마지막의 | recommandation **n.f.** 추
천, 권고, 충고 | s'attarder **v.** 지체하다, 늦어지다 | chemin **n.m.** 길, 경로 | détour **n.m.** 우회, 돌아
가기 | inconnu(e) **a.** 모르는, 신원 미상의, **n.** 낯선 사람 | jurer **v.** 맹세하다, 단언하다, 굳게 결심하다

 amener와 emmener는 둘 다 '~를 가지고/데리고 가다'라는 의미지만, 뉘앙스에는 차이가 있습니다.
emmener 동사는 출발지에 중점을 두고 '(~에서) ~를 가지고/데리고 가다'라는 의미인 한편, amener 동사는
목적지에 중점을 두고 '(~로) 가지고/데리고 가다'라는 의미입니다. 본문에서는 '할머니에게' 가져다 드리는 것으
로 출발지보다는 목적지를 강조하고 있으므로 amener 동사가 쓰였습니다.

avant que S + V에서 V는 접속법을 사용합니다. 'avant que la nuit ne tombe'에서 ne는 부정문의 ne가 아
니라 '허사의 ne'입니다. 이때 허사는 문장 속에서 어떤 문법적 역할도 하지 않고 실질적 의미도 가지고 있지 않
은 요소이므로 생략해도 문제가 없습니다.

La grand-mère en question habitait une petite maison excentrée du village, dans une petite clairière dans un coin de la forêt.

그녀의 할머니는 마을 외곽, 숲 속 구석진 곳의 조그만 빈터에 있는 작은 집에 살고 있었어요.

Cependant, marchant sur le chemin, le Petit Chaperon Rouge ne voit pas qu'un loup à quelques pas derrière l'espionne d'un œil affamé.

길을 가던 빨간 모자는 몇 걸음 뒤에 늑대가 그녀를 굶주린 눈빛으로 훔쳐보는 것을 보지 못했어요.

Celui-ci décide de l'aborder, le plus gentiment possible :

늑대는 가능한 한 가장 친절하게 빨간 모자에게 말을 걸기로 결심했어요.

« Bonjour, mon petit, que faites-vous ici à cette heure-là ? »

"안녕, 꼬마야. 이 시간에 여기서 뭘 하고 있니?"

« J'amène une galette et un pot de confiture à ma mamie souffrante. »

"저는 편찮으신 우리 할머니에게 갈레트와 잼 한 병을 가지고 가요."

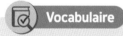

en question 문제의, 화제의 | excentré(e) **a.** 중심에서 벗어난, 외곽의 | clairière **n.f.** 숲 속의 빈터 | coin **n.m.** 구석, 구석진 장소 | sur le chemin 도중에 | espionner **v.** 정탐(염탐)하다, 남의 동정을 살피다 | d'un œil + 형용사 ~한 눈으로 | affamé(e) **a.** 굶주린 | aborder **v.** (사람에게) 접근하다, 말을 걸다 | gentiment **adv.** 친절하게 | souffrant(e) **a.** 고통을 겪는, 몸이 편치 않은

한국어 해석은 반말로 되어 있지만, 여기서 늑대는 빨간 모자에게 'le plus gentiment possible(가능한 한 가장 친절하게)' 말하기 위해 빨간 모자를 vous로 지칭하고 있습니다.

오래된 영화나 동화 등에서는 여자 아이에게도 ma petite가 아닌 mon petit를 쓰기도 합니다. 이는 petit 자체를 중립적인 명사로 사용한 경우이며, 현대에는 잘 쓰이지 않습니다.

mamie는 어린아이가 grand-mère를 말할 때의 표현입니다. père를 papa, mère를 maman이라고 하는 것처럼 말이죠. 어린아이 말로 할아버지는 papi라고 합니다.

« Que ton panier semble lourd, peut-être pourrais-je t'aider à le porter ? » demande sournoisement le loup.

"네 바구니가 어찌나 무거워 보이는지! 혹시 네가 그걸 드는 걸 도와줘도 괜찮을까?" 늑대가 교활하게 물었어요.

La petite fille hésite un instant, mais refuse finalement l'aide de l'inconnu.

소녀는 잠시 망설였지만 결국 낯선 이의 도움을 거절했어요.

Le loup continue de marcher tout en discutant avec le Petit Chaperon Rouge.

늑대는 빨간 모자와 이야기하며 계속 걸었어요.

« Eh bien tant pis, » n'insiste pas le loup, « mais ce que les mamies préfèrent, c'est un beau bouquet de fleurs fraîchement cueillies. »

"그럼 어쩔 수 없지." 늑대는 고집부리지 않았어요. "하지만 할머니들이 좋아하는 건 갓 딴 예쁜 꽃 한 다발이야."

Le loup pointe du doigt des marguerites qui bordent le chemin.

늑대는 길 가장자리를 따라 뻗어 있는 데이지 꽃을 손가락으로 가리켰어요.

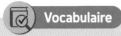 **Vocabulaire**

panier **n.m.** 바구니 | sembler **v.** ~처럼 보이다, ~인 듯하다 | lourd(e) **a.** 무거운 | sournoisement **adv.** 엉큼하게, 교활하게, 능글맞게 | discuter **v.** 의견을 나누다, 논의하다 | tant pis (유감스럽지만) 할 수 없지, 어쩔 수 없지 | insister **v.** 고집하다 | fraîchement **adv.** 새로, 싱싱하게 | cueillir **v.** (과일, 꽃을) 따다 | marguerite **n.f.** 데이지, 데이지 꽃 | border **v.** 가장자리를 따라 뻗어 있다

 tout en discutant에서 tout는 제롱디프를 강조해 주는 것입니다. 여기서는 '이야기하면서'라는 '동시성'을 강조해 주는 것이라고 볼 수 있겠죠.

cueillir 동사는 1강에서 살펴보았던 ouvrir 동사와 같이, 원형의 어미가 -ir로 끝나지만 어미 변화는 1군 동사와 동일한 경우입니다. (cueille / cueilles / cueille / cueillons / cueillez / cueillent) 본문에서 쓰인 cueillies는 cueillir 동사의 p.p인 cueilli를 여성 복수 명사 fleurs에 성수 일치시킨 형태입니다.

'pointer du doigt'는 '손가락으로 ~을 가리키다'라는 의미의 관용적 표현입니다.

Le Petit Chaperon Rouge, voulant faire plaisir à sa grand-mère, se met à cueillir les belles fleurs.

그녀의 할머니를 기쁘게 해 드리고 싶었던 빨간 모자는 예쁜 꽃들을 따기 시작했어요.

Elle oublie complètement le loup et sa mission, s'éloignant doucement du chemin.

그녀는 늑대와 그녀의 심부름에 대해서는 완전히 잊어버렸고, 서서히 길에서 멀어졌어요.

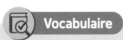

faire plaisir à qn ~를 기쁘게 하다 | se mettre à **V.** 시작하다 | oublier **V.** 잊어버리다 | s'éloigner **V.**
멀어지다 | doucement **adv.** 천천히, 서서히

faire plaisir à qn에서 plaisir는 무관사로 쓰며, 통째로 '~를 기쁘게 하다'라는 뜻의 관용적 표현입니다.

se mettre à는 commencer à와 마찬가지로 '시작하다'라는 의미의 숙어입니다.

1 각 단어의 알맞은 뜻을 찾아 연결하세요.

① chaperon · · ⓐ 굶주린

② amener · · ⓑ 고통을 겪는, 몸이 편치 않은

③ affamé(e) · · ⓒ (어깨까지 덮이는) 모자의 일종, 두건

④ souffrant(e) · · ⓓ (과일, 꽃을) 따다

⑤ cueillir · · ⓔ 가지고 가다

2 괄호 안에 들어갈 말을 순서대로 짝지은 것을 고르세요.

> La grand-mère en question habitait une (   ) maison (   ) du
> village, dans une petite (   ) dans un coin de la forêt.

① clairière, petite, excentrée   ② petite, clairière, excentrée

③ excentrée, petite, clairière   ④ petite, excentrée, clairière

3 괄호 안에 들어갈 말로 알맞은 것끼리 짝지어진 것을 고르세요.

> « Que ton panier (   ) lourd, peut-être pourrais-je t'aider (   ) le porter ? »

① est, de   ② semble, à

③ est, en   ④ ressemble, de

4 밑줄 친 부분에 들어갈 말을 쓰세요.

① « Surtout, ne _____ pas en chemin, _____ _____ _____ _____
   _____ vers le fond de la forêt et ne parle pas aux inconnus. »

   "무엇보다도, 가는 길에 꾸물거리지 말고, 숲 속 깊은 곳으로 돌아가지 말고, 그리고 낯선 사람과
   이야기하지 말거라."

② Le Petit Chaperon Rouge ne voit pas qu'un loup __ _____ _____
   derrière l'espionne _____ _____ _____.

   빨간 모자는 몇 걸음 뒤에 늑대가 그녀를 굶주린 눈빛으로 훔쳐보는 것을 보지 못했어요.

③ Le Petit Chaperon Rouge, voulant _____ _____ __ sa grand-mère,
   _____ _____ __ cueillir les belles fleurs.

   그녀의 할머니를 기쁘게 해 드리고 싶었던 빨간 모자는 예쁜 꽃들을 따기 시작했어요.

5 동화에서 배운 표현을 활용하여 작문해 보세요.

나의 할머니는 그에게 한 임무를 맡긴다.

➡

정답 확인

❶ ①ⓒ ②ⓔ ③ⓐ ④ⓑ ⑤ⓓ   ❷ ④   ❸ ②

❹ ① t'attarde / ne fais pas de détour   ② à quelques pas / d'un œil affamé

   ③ faire plaisir à / se met à

❺ Ma grand-mère lui confie une mission.

16-17강

빨간 모자 ❷

Le Petit Chaperon Rouge

오늘의 줄거리

ÉTAPE 1
오늘의 주요 문장 미리 보기

- Il entre sans faire de bruit et sur la pointe des pieds, se dirige vers le chevet de la vieille dame.

- « Oh ! Grand-mère, comme tu as de grandes dents ! » « C'est pour mieux te manger ! »

- Le Petit Chaperon Rouge, jura qu'à l'avenir, elle ne quitterait plus le chemin et ne parlerait plus au loup !

동화 속으로!

원어민 음성 파일로 동화를 들은 뒤 한 문장씩 읽어 보세요.

Le loup, malicieux, va trouver dans la forêt la maisonnette de la grand-mère.

영악한 늑대는 할머니의 작은 집을 찾으러 숲 속으로 갔어요.

Il entre sans faire de bruit et sur la pointe des pieds, se dirige vers le chevet de la vieille dame.

그는 소리 내지 않고 들어가서, 까치발로 노부인의 머리맡을 향했어요.

Soudain, il se jette sur elle et la dévore.

그는 할머니에게 와락 달려들어 그녀를 먹어 치웠어요.

Puis, malin, il enfile sa chemise de nuit et son bonnet en dentelle et se couche sur le lit sous les draps chauds.

그러고 나서, 교활한 늑대는 그녀의 잠옷을 입고 레이스가 달린 그녀의 헝겊 모자를 썼어요. 그리고 침대 위 따뜻한 침대 시트 아래에 누웠어요.

Le Petit Chaperon Rouge a maintenant un beau bouquet de marguerites.

이제 빨간 모자는 예쁜 데이지 꽃 한 다발을 완성했어요.

Elle regarde autour d'elle et voit que le soleil commence à se coucher.

그녀는 주위를 둘러보고 해가 지기 시작했다는 것을 알았어요.

 Vocabulaire

malicieux(se) **a.** 악의 있는, 심술궂은 | maisonnette **n.f.** 작은 집 | bruit **n.m.** 소음 | sur la pointe des pieds 까치발로 | se jeter **v.** 몸을 던지다, 달려들다, 덤벼들다 | enfiler **v.** [구어] (옷을) 입다, (바늘에 실을) 꿰다, (반지를) 손가락에 끼우다 | chemise de nuit **n.f.** 잠옷, 나이트 가운 | bonnet **n.m.** 헝겊 모자, 챙 없는 모자 | dentelle **n.f.** 레이스 | drap **n.m.** 침대 시트 | bouquet **n.m.** 다발, 묶음, 꽃다발

 둘 다 '보다'라는 의미를 가진 동사이지만 regarder는 '주의 깊게 보는 것', voir는 '보이는 것을 보는 것'을 뜻합니다. 영어로 치면 regarder는 watch, voir는 see에 대응된다고 할 수 있겠습니다.

Elle repense alors aux paroles de sa mère et à sa grand-mère malade, et se remet vite sur le chemin.

그래서 그녀는 어머니의 말과 아픈 할머니를 다시 떠올렸고, 다시 길을 재촉했어요.

Enfin arrivée, elle frappe à la porte de la maison.

마침내 (할머니의 집에) 도착한 빨간 모자는 문을 두드렸어요.

« Entre ma chérie, la porte est ouverte. » dit d'une voix tremblante le loup.

"들어오렴, 내 사랑스러운 아가야, 문은 열려 있단다." 늑대가 떨리는 목소리로 말했어요.

Quand elle est dans la chambre, une étrange impression lui serre le cœur.

빨간 모자가 방에 들어섰을 때, 이상한 느낌이 그녀를 불안하게 만들었어요.

Elle s'avance vers le lit et contemple le loup déguisé.

그녀는 침대 쪽으로 다가가서 변장한 늑대를 바라보았어요.

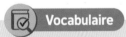

Vocabulaire

repenser 다시 생각하다 | **parole** n.f. 말, 약속 | **se remettre** v. (먼저 자리, 상태로) 다시 돌아가다, 다시 시작하다, 회복되다 | **tremblant(e)** a. 떨리는, 떠는 | **s'avancer** v. 나아가다, 다가가다 | **contempler** v. 주시하다, 응시하다, 숙고하다 | **déguisé(e)** a. 변장한, 가장한

Enfin arrivée는 Enfin étant arrivée에서 현재 분사 étant이 생략된 형태입니다. 현재 분사 구문에서 이동 동사의 과거형을 쓰는 경우 être 동사의 현재 분사형인 étant을 생략할 수 있습니다. être 동사를 조동사로 취하는 과거형이므로 과거 분사 arrivée도 뒤에 나오는 주어 elle에 맞추어 성수 일치시켰습니다.

「빨간 모자 ①」에 'd'un œil affamé (굶주린 눈으로)'라는 표현이 등장했었죠. 이와 마찬가지로 전치사 de를 사용하여 'd'une voix + 형용사 (~한 목소리로)'와 같은 표현을 만들 수 있습니다.

serrer le cœur 다음에는 de qn 또는 à qn이 올 수 있습니다. 본문에서는 à qn을 간접 목적 보어 lui로 받았습니다.

형용사 déguisé(e)는 동사 déguiser에서 파생된 단어입니다. déguiser는 '변장시키다'라는 의미이므로 대명동사로 쓰면 '자기 자신을 변장시키다', 즉 '변장하다'라는 의미가 됩니다. 본문에는 나오지 않았지만 '~로 변장하다'라고 할 때는 전치사 en을 함께 사용합니다.

« Oh ! Grand-mère, comme tu as de grandes oreilles ! »

"아, 할머니, 귀가 정말 크시네요!"

« C'est pour mieux t'entendre, mon enfant. »

"네 말을 더 잘 듣기 위해서란다, 내 아가야."

« Oh ! Grand-mère, comme tu as de grands yeux ! »

"아, 할머니, 눈이 정말 크시네요!"

« C'est pour mieux te voir, mon enfant. »

"너를 더 잘 보기 위해서란다, 내 아가야."

« Oh ! Grand-mère, comme tu as de grandes dents ! »

"아, 할머니, 이가 정말 크시네요!"

« C'est pour mieux te manger ! » dit le loup en se jetant sur l'enfant, toute gueule ouverte.

"너를 더 잘 잡아먹기 위해서지!" 늑대가 입을 쩍 벌리고 아이의 위로 달려들며 말했어요.

Il avale alors la pauvre enfant.

그리고는 불쌍한 아이를 삼켜 버렸어요.

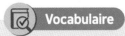 Vocabulaire

oreille **n.f.** 귀 | dent **n.f.** 치아 | gueule **n.f.** (짐승의) 입, 아가리 | avaler **v.** 삼키다

 앞서 살펴본 동화들에서 S + V 앞에 Que를 붙인 감탄문(어찌나 S가 V한지!)을 많이 볼 수 있었습니다. 여기서 쓰인 Comme도 Que와 같은 역할을 합니다. Comme나 Que 외에 Qu'est-ce que도 문두에 쓰여 감탄문을 만들 수 있습니다.

한국에서는 나이에 따라 손윗사람에게는 존댓말, 손아랫사람에게는 반말을 사용하지만 프랑스에서는 나이와 관계없이 친밀도에 따라 존댓말(vous)과 반말(tu)을 사용하는 경우가 많습니다. 그래서 부모님 또는 조부모님을 tu로 지칭하는 것이지요.

de grandes oreilles, de grands yeux, de grandes dents 모두 복수 명사가 왔는데도 관사는 des가 아닌 de가 쓰였습니다. 이는 복수 형용사 + 복수 명사의 어순일 경우 des가 de로 바뀐다는 규칙 때문입니다.

En entendant les cris du Petit Chaperon Rouge, un chasseur passant par là, se précipite dans la maison.

그곳을 지나가던 한 사냥꾼이 빨간 모자의 비명을 듣고 집 안으로 뛰어 들어갔어요.

Il voit le loup assoupi dans le lit.

그는 침대에서 선잠이 든 늑대를 보았어요.

Pour sauver la grand-mère et la petite fille, il découpe avec un couteau le ventre du loup.

할머니와 소녀를 구하기 위해 사냥꾼은 늑대의 배를 칼로 갈랐어요.

Le Petit Chaperon Rouge et la grand-mère en sortent, encore sous le choc de leur drôle d'aventure.

빨간 모자와 할머니가 엄청난 사건의 충격에서 여전히 헤어나오지 못한 채로 거기서 나왔어요.

Le chasseur remplit l'estomac vide du loup avec des pierres et le coud.

사냥꾼은 늑대의 빈 배를 돌로 채우고는 그것을 꿰맸어요.

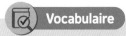 **Vocabulaire**

cri `n.m.` 고함, 외침, 비명 | se précipiter `v.` 뛰어가다, 달려들다, 서두르다 | assoupi(e) `a.` 선잠이 든, 졸고 있는 | découper `v.` 자르다, 재단하다 | couteau `n.m.` 칼 | drôle `a.` 이상한, 놀라운, 우스운 | estomac `n.m.` 위 | pierre `n.f.` 돌, 자갈 | coudre `v.` 바느질하다, 꿰매다

제롱디프는 동시성 외에도 원인, 수단/방법, 조건, 양보 등의 의미를 나타낼 수 있습니다. 따라서 본문에서 'En entendant les cris'를 '비명을 들으면서'보다는 '비명을 듣고'와 같이 원인으로 해석하는 것이 자연스럽습니다.

'sortir de + 장소 (~로부터 나오다)'에서 'de + 장소'를 en으로 받을 수 있습니다.

« C'est drôle ! »과 같이 drôle이 단독으로 쓰이면 주로 '웃긴, 우스운, 재미있는'이라는 의미로 사용되지만, 'drôle de 명사'의 형태로 쓰이면 '이상한/놀라운 명사'와 같이 해석됩니다. 강조의 의미로 '엄청난, 대단한'의 의미로 사용되기도 합니다.

「아기 돼지 삼 형제 ②」에서 'un chaudron rempli d'eau (물이 가득한 솥)'이라는 표현을 본 적이 있을 거예요. 이번에는 '~로 채우다'라는 의미로 remplir 동사와 전치사 avec이 함께 사용되었습니다.

Le loup s'enfuit alors au fin fond de la forêt et personne ne le revit.

늑대는 숲 속 깊은 곳으로 도망가 버렸고 아무도 그를 다시 보지 못했어요.

La grand-mère, le Petit Chaperon Rouge et le chasseur pour se remettre de ces émotions, mangent la galette.

할머니, 빨간 모자, 그리고 사냥꾼은 마음의 평정을 되찾기 위해 갈레트를 먹었어요.

Le Petit Chaperon Rouge, jura qu'à l'avenir, elle ne quitterait plus le chemin et ne parlerait plus au loup !

빨간 모자는 앞으로는 더 이상 다른 길로 새지 않을 것이고 더 이상 늑대와 이야기하지 않겠다고 다짐했어요!

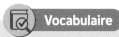

s'enfuir Ⅵ 도망가다 | au fin fond 오지에, 가장 깊숙한 곳에 | quitter Ⅵ (장소를) 떠나다, (길을) 벗어나다

「미운 오리 새끼 ②」에서도 voir 동사의 단순 과거형으로 쓰인 vit를 학습했습니다. revit 역시 revivre 동사의 3인칭 단수 현재형이 아닌 revoir 동사의 3인칭 단수 단순 과거 형태입니다.

마지막 문장에서 주절의 동사인 jura는 jurer 동사의 단순 과거 형태입니다. 주절의 시제가 과거일 때 종속절의 단순 미래 시제(quittera, parlera)는 조건법 현재형으로 시제 일치시켜야 합니다. (quitterait, parlerait)

1 각 단어의 알맞은 뜻을 찾아 연결하세요.

① enfiler   •

② bonnet   •

③ déguisé(e) •

④ assoupi(e) •

⑤ découper •

   • ⓐ 선잠이 든, 졸고 있는

   • ⓑ 자르다, 재단하다

   • ⓒ 헝겊 모자, 챙 없는 모자

   • ⓓ [구어] (옷을) 입다, (바늘에 실을) 꿰다

   • ⓔ 변장한, 가장한

2 괄호 안에 들어갈 말을 순서대로 짝지은 것을 고르세요.

> Le chasseur (　　　　　) l'estomac vide du loup avec des pierres et le (　　　).

① remplit, coud

② remplie, coude

③ remplisse, couds

④ coud, remplit

3 괄호 안에 들어갈 말로 알맞은 것을 고르세요.

> Quand elle est dans la chambre, une étrange impression (　　　　　) le cœur.

① est venue

② la serre

③ lui serre

④ vient à

4 밑줄 친 부분에 들어갈 말을 쓰세요.

① Il entre _____ faire de bruit et _____ __ _____ _____ _____, se dirige vers le chevet de la vieille dame.

그(늑대)는 소리 내지 않고 들어가서, 까치발로 노부인의 머리맡을 향했어요.

② « Oh ! Grand-mère, _____ tu as de grandes dents ! »

"아, 할머니, 이가 정말 크시네요!"

« C'est _____ _____ te manger ! »

"너를 더 잘 잡아먹기 위해서지!"

③ Le Petit Chaperon Rouge, jura qu'à l'avenir, elle _____ _____ _____ le chemin et _____ _____ _____ au loup !

빨간 모자는 앞으로는 더 이상 다른 길로 새지 않을 것이고 더 이상 늑대와 이야기하지 않겠다고 다짐했어요!

5 동화에서 배운 표현을 활용하여 작문해 보세요.

너의 주변을 봐! 해가 저물기 시작한다.

➡ ....

더 나아가기

줄거리, 작가 및 교훈을 확인하고 작품을 더욱 깊게 이해해 봅시다.

Le resumé 줄거리 요약

Une petite fille, le Petit Chaperon Rouge, amène à sa grand-mère une galette. En chemin, elle n'écoute pas sa mère et parle au loup. Malin, le méchant loup court et entre chez la grand-mère, la dévore et se déguise. Quand le Petit Chaperon Rouge arrive, naïve, elle croit voir sa grand-mère. Le loup la dévore aussi. Par chance un chasseur arrive et sauve la petite fille et la mamie.

L'auteur 작가

- « Le Petit Chaperon Rouge » est écrit par Charles Perrault en France et les frères Grimm en Allemagne. Il existe différentes versions dans le monde.

- Dans les plus anciennes, le Petit Chaperon Rouge n'est pas une fille mais un garçon déguisé en fille afin justement de tuer le loup.

- La version la plus ancienne écrite, est celle de Charles Perrault, dans « Histoires ou contes de temps passé, avec des moralités » en 1697. Dans cette version, il n'y a pas de chasseur qui vient délivrer le Petit Chaperon Rouge et la grand-mère.

La moralité 교훈

- Il ne faut pas parler à des étrangers, faire confiance à des inconnus.

- Le loup représente un homme charmant mais mal intentionné et qui tente de séduire une belle et naïve jeune fille.

séduire v. 유혹하다, 매혹시키다

십자말풀이 Les mots croisés

Horizontal

1. Personne qui habite dans un village
3. Qui a très mal
5. Tissu sur les lits
7. Hurlement
9. Mettre, passer à l'intérieur de quelque chose

Vertical

2. Prendre des fleurs ou des fruits
4. Qui dort
6. Qui a très faim
8. Qu'on ne connaît pas

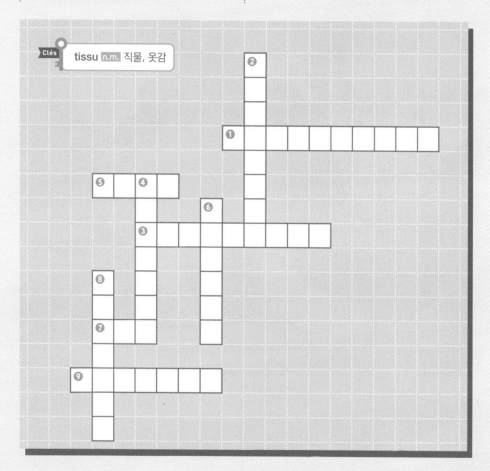

Clés   tissu n.m. 직물, 옷감

La
Barbe
Bleue

푸른 수염

18강

—

푸른 수염 ❶

La Barbe Bleue

오늘의 줄거리

ÉTAPE 1

오늘의 주요 문장 미리 보기

- Cependant, cet homme était d'une taille imposante et avait une barbe bleue qui effrayait la plupart des personnes.

- La famille doutait, d'autant plus qu'on ne savait pas ce qui était arrivé aux précédentes épouses de Barbe bleue.

- « Faites ce que vous voulez, allez où vous le souhaitez, mais surtout n'utilisez pas cette petite clef. »

동화 속으로!

원어민 음성 파일로 동화를 들은 뒤 한 문장씩 읽어 보세요.

Il était une fois un homme immensément riche, qui avait les plus grandes demeures, de la vaisselle en or et des carrosses dorés.

옛날 옛적에, 대저택들과 금으로 된 식기들, 금 마차들을 가진 엄청나게 부유한 한 남자가 있었어요.

Cependant, cet homme était d'une taille imposante et avait une barbe bleue qui effrayait la plupart des personnes.

하지만 이 남자는 위압적인 체구와 대부분의 사람들을 두려움에 떨게 하는 푸른 수염을 가지고 있었지요.

Une villageoise avait deux belles filles, Barbe bleue en demanda une en mariage, lui laissant le choix de celle qu'elle voudrait lui donner.

마을의 한 여인에게는 아름다운 두 딸들이 있었어요. 푸른 수염은 그녀들 중 한 사람과 결혼하게 해 달라고 청했고, 둘 중 누구를 그에게 줄지는 부인의 선택에 맡겼어요.

Il promit en échange une montagne d'or.

그는 그 대가로 산더미 같은 금을 주겠다고 약속했어요.

Vocabulaire

barbe n.f. (턱, 뺨, 입의) 수염 | **immensément** adv. 엄청나게, 굉장히 | **demeure** n.f. 주거, 체류, [문어] 저택 | **vaisselle** n.f. (집합적) 식기류 | **or** n.m. 금, 금색 | **carrosse** n.m. 호화로운 사륜 마차 | **doré(e)** a. 금박을 입힌, 금빛의 | **taille** n.f. 키, 신장, (물건의) 크기, 사이즈 | **imposant(e)** a. 위압적인, 웅장한, (수량) 막대한 | **effrayer** v. 두렵게(무섭게) 하다, 오싹하게 하다 | **plupart** n.f. 대부분, 대다수, 거의 모두 | **choix** n.m. 선택(권), 선택의 가능성

 Tip

barbe는 턱이나 뺨에 있는 수염을 의미합니다. 콧수염을 뜻하는 단어는 프랑스어로 'moustache'입니다.

「백설 공주 ③」에서도 중성 대명사 en을 이용하여 pomme를 받은 문장을 살펴보았어요. 'Barbe bleue en demanda une en mariage'에서도 중성 대명사 en이 une fille의 fille를 대신하여 쓰였습니다. 바로 뒤에서 지시 대명사 celle이 받는 명사 역시 fille입니다. 반복을 최소화하기 위해 다양한 대명사들을 활용하는 프랑스어의 특징을 알 수 있는 문장이죠.

La famille doutait, d'autant plus qu'on ne savait pas ce qui était arrivé aux précédentes épouses de Barbe bleue.

가족들은 푸른 수염의 전 부인들에게 일어난 일에 대해 알지 못했던 만큼, 더욱 더 의심스럽게 생각하고 있었어요.

La cadette accepta de se marier à cet homme, pensant à la belle vie de princesse qu'elle aurait.

둘째 딸은 그녀가 공주처럼 누리게 될 아름다운 삶을 생각하며, 이 남자와 결혼하는 것을 받아들였어요.

Le mariage eut lieu, et pendant un temps tout semblait parfaitement normal et même agréable.

결혼식이 치러졌고, 한동안은 모든 것이 완벽하게 정상적이고 심지어는 유쾌해 보이기까지 했어요.

« Finalement, Barbe bleue n'est pas si étrange, c'est un honnête homme. » pense-t-elle.

'알고 보니 푸른 수염은 그렇게 이상하지 않아. 그는 정직한 남자야.' 둘째 딸은 생각했어요.

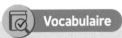 **Vocabulaire**

douter v. 의심하다 | **d'autant plus que** ~인 만큼 더욱 더 (많이) | **arriver** v. (사건이) 일어나다, 발생하다 | **précédent(e)** a. 먼저의, 전의 | **époux(se)** n. 배우자, (복수) 부부 | **agréable** a. 마음에 드는, 기분 좋은, 쾌적한 | **étrange** a. 이상한 | **honnête** a. 정직한, 성실한, 올바른

「인어 공주 ①」에서는 cadet(te)가 막내라는 뜻으로 쓰였어요. 사실 cadet(te)는 '막내'라는 뜻과 '둘째'라는 뜻을 모두 가지고 있습니다. 여기서는 두 딸들 중 둘째이기 때문에 막내딸, 둘째 딸 모두 가능합니다. 뒤에서 살펴볼 「장화 신은 고양이」에서도 이 단어가 등장하니 잘 기억해 두세요!

'se marier' 동사는 앞서 살펴 본 다른 동화들에서도 여러 번 등장했었죠. 특히 'se marier avec qn'과 같이 전치사 avec을 동반하는 형태로 주로 쓰인다고 언급했는데, avec 대신 전치사 à를 사용하는 것도 가능합니다. 하지만 현대에는 à보다는 avec이 훨씬 많이 쓰입니다.

앞서 나온 demanda(demander), promit(promettre)와 같이 accepta(accepter), eut lieu(avoir lieu) 역시 단순 과거 시제입니다. 여러 번 반복해서 나오니 형태도, 특징도 조금은 익숙해졌죠?

Au bout de quelques mois, Barbe bleue dut s'absenter pour partir en voyage faire des affaires dans de lointaines provinces.

몇 달이 지나고, 푸른 수염은 멀리 떨어진 지방에 일을 보러 가기 위해 자리를 비워야 했어요.

« Voilà les clefs du château, de mes coffres-forts, et de mes appartements. Faites ce que vous voulez, allez où vous le souhaitez, mais surtout n'utilisez pas cette petite clef. »

"이 저택, 내 금고들, 내 방들의 열쇠들이 여기 있소. 당신이 원하는 대로 하고 당신이 가고 싶은 곳에 가시오. 그러나 절대로 이 작은 열쇠는 사용하지 마시오."

« Qu'ouvre-t-elle ? » demande-t-elle.

"이것은 무엇의 열쇠인가요?" 부인이 물었어요.

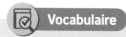 **Vocabulaire**

au bout de ~의 끝에, 후에 | **s'absenter** v. (자리를) 비우다, 잠시 떠나다 | **affaire** n.f. 일, 용건, (복수) 사업, 공무 | **lointain(e)** a. 먼, 멀리 떨어진 | **province** n.f. (수도에 대해) 지방 | **clef** n.f. 열쇠 | **château(x)** n.m. 성, 궁, 저택 | **coffre(s)-fort(s)** n.m. 금고 | **appartement** n.m. 아파트, (복수) (궁전, 성에서) 방, 공간 | **surtout** adv. 절대로, 특히

 Tip

dut는 devoir 동사의 단순 과거 형태입니다.

aller + 동사 원형이 '~하러 가다', venir + 동사 원형이 '~하러 오다'의 뜻을 가지는 것처럼 이동 동사 뒤에 동사 원형을 사용하여 '~하러 이동하다'를 나타낼 수 있습니다.

province는 수도(capitale)에 대한 지방을 의미하기 때문에 비하의 뉘앙스를 내포할 수 있습니다. 따라서 최근에는 province보다는 지역명(région 등)을 직접 언급하여 이야기하곤 합니다.

'열쇠'를 뜻하는 단어는 clef, clé 두 가지 형태로 쓸 수 있습니다.

1 각 단어의 알맞은 뜻을 찾아 연결하세요.

① barbe   •   • ⓐ 두렵게(무섭게) 하다, 오싹하게 하다

② effrayer   •   • ⓑ 정직한, 성실한, 올바른

③ honnête   •   • ⓒ 금고

④ coffre(s)-fort(s)   •   • ⓓ (턱, 뺨, 입의) 수염

⑤ province   •   • ⓔ (수도에 대해) 지방

2 괄호 안에 들어갈 동사의 형태로 알맞은 것을 고르세요.

> Le mariage (   ) lieu, et pendant un temps tout semblait parfaitement normal et même agréable.

① prend   ② aie

③ eut   ④ eu

3 괄호 안에 들어갈 부사로 알맞은 것을 고르세요.

> Il était une fois un homme (   ) riche, qui avait les plus grandes demeures, de la vaisselle en or et des carrosses dorés.

① immensement   ② immobilement

③ immédiatement   ④ immensément

4 밑줄 친 부분에 들어갈 말을 쓰세요.

① Cet homme était d'une _____ _____ et avait une barbe
bleue qui effrayait __ _____ ____ _____.

이 남자는 위압적인 체구와 대부분의 사람들을 두려움에 떨게 하는 푸른 수염을 가지고 있었지요.

② La famille doutait, _____ _____ __on ne savait pas ce qui _____
_____ _____ précédentes épouses de Barbe bleue.

가족들은 푸른 수염의 전 부인들에게 일어난 일에 대해 알지 못했던 만큼, 더욱 더 의심스럽게 생각
하고 있었어요.

③ « Faites _____ _____ _____ _____, allez _____ _____ __
_____, mais surtout n'utilisez pas cette petite clef. »

"당신이 원하는 대로 하고 당신이 가고 싶은 곳에 가시오. 그러나 절대로 이 작은 열쇠는 사용하지
마시오."

5 동화에서 배운 표현을 활용하여 작문해 보세요.

> 나는 내가 이 여자의 전 남편들에게 일어난 일을 모르고 있었던 만큼 더욱 더 의심스럽게 생각하
> 고 있었다.

➡

....

....

정답 확인

❶ ① ⓓ ② ⓐ ③ ⓑ ④ ⓒ ⑤ ⓔ   ❷ ③   ❸ ④

❹ ① taille imposante / la plupart des personnes ② d'autant plus qu' / était arrivé aux

③ ce que vous voulez / où vous le souhaitez

❺ Je doutais, d'autant plus que je ne savais pas ce qui était arrivé aux précédents époux de
cette femme.

19강

푸른 수염 ❷
La Barbe Bleue

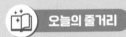
오늘의 줄거리

ÉTAPE 1
오늘의 주요 문장 미리 보기

- « Je vous défends d'y entrer. Si vous l'ouvrez, attendez-vous à ma plus sombre colère ! »

- « De toute manière, une fois la porte refermée, Barbe bleue ne saura jamais que j'ai ouvert cette porte. »

- Ce sont toutes les anciennes épouses de Barbe bleue qui avaient disparu l'une après l'autre.

동화 속으로!

원어민 음성 파일로 동화를 들은 뒤 한 문장씩 읽어 보세요.

« Elle ouvre la petite pièce dans la cave. Je vous défends d'y entrer.
 Si vous l'ouvrez, attendez-vous à ma plus sombre colère ! »

"이건 지하실에 있는 작은 방의 열쇠요. 나는 당신이 그곳에 들어가는 것을 금하오. 만약 당신이
 그것을 연다면, 나의 격노를 예상해야 할 것이오."

« Je vous promets que je n'ouvrirai jamais cette porte. »

"저는 이 문을 절대 열지 않겠다고 당신께 약속해요."

Il monte dans le carrosse et part loin.

푸른 수염은 마차에 올라 멀리 떠났어요.

D'abord, elle ne pense pas à cette pièce interdite, mais plus le
temps passe plus ce secret l'intrigue.

처음에 부인은 이 금지된 방에 대해 생각하지 않았어요. 하지만 시간이 지날수록 그 비밀은 그녀
를 더욱 궁금하게 만들었지요.

« Mais que peut-il donc y avoir ? Peut-être y a-t-il son plus beau
 trésor ? » pense-t-elle.

'그곳에 무엇이 있을까? 어쩌면 그의 가장 아름다운 보물이 있으려나?' 그녀는 생각했어요.

 Vocabulaire

pièce n.f. 조각, 낱개, 방 | **cave** n.f. 지하실, 지하 저장고 | **défendre** v. 보호하다, 금하다, 금지하다 | **s'attendre** v. 예상하다, 기대하다 | **sombre** a. 어두운, 컴컴한 | **promettre** v. 약속하다 | **d'abord** 먼저, 우선, 원래는 | **interdit(e)** a. 금지된 | **intriguer** v. 궁금하게 하다, 의아하게 하다 | **trésor** n.m. 보물, (복수) 부, 재물, 큰 돈

「푸른 수염 ①」 마지막 문장을 기억하시나요? 첫 문장의 elle은 clef를 받은 대명사입니다.

「백설 공주 ①」에서 'rentrer dans une colère noire'라는 표현이 나왔었죠. 여기서도 같은 맥락에서 sombre colère라는 단어를 활용하여 '격노'를 표현했습니다.

최상급을 나타낼 때 'le(la, les) plus/moins + 형용사'의 형태로 쓰지요. 이때 정관사 자리에 소유 형용사가 와도 무방합니다.

Elle descend les escaliers et se retrouve devant cette petite porte.

그녀는 계단을 내려가 작은 문 앞에 섰어요.

Elle regarde longtemps la petite clef du trousseau de clefs.

그녀는 열쇠 꾸러미의 작은 열쇠를 오랫동안 바라보았어요.

« De toute manière, une fois la porte refermée, Barbe bleue ne saura jamais que j'ai ouvert cette porte. » songe-t-elle.

'어쨌거나 일단 문이 다시 닫히고 나면, 푸른 수염은 내가 이 문을 열었다는 것을 절대로 알 수 없을 거야.' 그녀는 생각했어요.

Elle ne résiste donc pas à sa curiosité et tourne la clef dans la serrure de la petite porte.

그녀는 호기심을 이기지 못하고 작은 문의 자물쇠에 열쇠를 넣고 돌렸어요.

D'abord, elle ne voit rien puis après s'être habituée au noir, elle commence à voir que le plancher est couvert de sang séché, et que des corps de femmes mortes sont entassés contre le mur.

처음에는 아무것도 보이지 않았지만 어둠에 익숙해지자 마른 피로 뒤덮인 마룻바닥과 죽은 여인들의 시체가 벽에 기대 쌓여 있는 것이 보이기 시작했어요.

 **Vocabulaire**

escalier **n.m.** 계단 | se retrouver **v.** (어떤 상황에) 놓이다 | trousseau(x) **n.m.** (열쇠) 꾸러미, 묶음 | de toute manière 어쨌든, 어떻든 간에 | une fois + p.p 일단 ~하면(하자마자) | songer **v.** 생각하다, 고려하다, 몽상하다 | résister **v.** 견뎌내다, 저항하다, 뿌리치다 | curiosité **n.f.** 호기심, 관심 | tourner **v.** 돌리다 | serrure **n.f.** 자물쇠, 자물통 | s'habituer **v.** 익숙해지다 | plancher **n.m.** (건물의) 바닥, 마루 | couvert(e) **a.** 덮인, 덮여 가려진 | sang **n.m.** 피, 혈액 | séché(e) **a.** 마른, 말린, 건조된 | corps **n.m.** 몸, 육체, 시체, 송장 | entassé(e) **a.** (무질서하게) 쌓인, 쌓아 올려진 | mur **n.m.** 벽

 séché(e)는 '말리다, 건조시키다'라는 의미를 가진 sécher 동사에서 파생된 형용사입니다. '마른'이라는 의미의 형용사 sec의 여성형 sèche도 유사한 형태를 가지고 있는데요, sec(sèche)은 단순한 상태를 나타내는 형용사인 반면, séché(e)는 동사에서 파생된 단어인 만큼 '(무언가에 의해) 말려진, 건조된'이라는 뉘앙스를 추가적으로 가집니다.

Ce sont toutes les anciennes épouses de Barbe bleue qui avaient disparu l'une après l'autre.

그것은 바로 차례대로 사라졌던 푸른 수염의 모든 전 부인들이었어요.

Elle croit mourir de peur et la clef qu'elle vient de retirer de la serrure est tombée de sa main.

그녀는 무서워 죽을 것 같았고 방금 막 자물쇠를 열었던 열쇠를 손에서 떨어뜨렸어요.

Elle tente d'essuyer la clef encore et encore, mais le sang sur la clef ne part pas.

그녀는 열쇠를 계속해서 닦아 보려 했지만 열쇠에 묻은 피는 사라지지 않았어요.

Elle entend les chevaux et le carrosse de Barbe bleue rentrer dans la cour du palais.

그녀는 말들과 푸른 수염의 마차가 저택의 앞뜰로 들어오는 소리를 들었어요.

Son mari entre dans la demeure et se dirige vers sa femme.

그녀의 남편이 저택에 들어와 부인을 향해 다가왔어요.

 **Vocabulaire**

disparaître **v.** 사라지다 | l'un(e) après l'autre 차례대로 | retirer **v.** 꺼내다, 빼내다 | essuyer **v.** (물기, 더러움을) 닦다, 문지르다 | cheval(aux) **n.m.** 말 | cour **n.f.** 마당

l'un après l'autre에서 전치사 après를 생략하고 l'un l'autre만 쓰면 '서로'라는 의미로 쓰입니다. 예를 들어 'Ils s'aiment l'un l'autre.'라는 문장은 '그들은 서로 사랑한다'라는 뜻이지요. (대명 동사 자체가 '서로'라는 상호적 의미를 가지지만 l'un l'autre를 추가하여 한 번 더 강조한 것입니다) 여기서 가리키는 것이 여성일 경우에는 l'un 대신 l'une을 쓰면 됩니다.

entendre, voir 등 지각 동사 다음에 '명사 + 동사 원형'이 오면 '명사가 동사 원형하는 것을 듣다/보다'로 해석합니다.

1 각 단어의 알맞은 뜻을 찾아 연결하세요.

① interdit(e) • • ⓐ 궁금하게 하다, 의아하게 하다

② intriguer • • ⓑ 보호하다, 금하다, 금지하다

③ cave • • ⓒ 금지된

④ défendre • • ⓓ 지하실, 지하 저장고

⑤ sang • • ⓔ 피, 혈액

2 괄호 안에 들어갈 알맞은 전치사를 고르세요.

Des corps de femmes mortes sont entassés (　　) le mur.

① sur   ② contre

③ pour   ④ sous

3 괄호 안에 들어갈 말이 알맞게 짝지어진 것을 고르세요.

Elle ne (　　　　　) donc pas à sa curiosité et tourne la clef dans (　　　　　)
de la petite porte.

① résiste, la serrure   ② résiste, le carrosse

③ pense, le trousseau   ④ commence, le plancher

4 밑줄 친 부분에 들어갈 말을 쓰세요.

① « Je vous _____ ____ _____. Si vous l'ouvrez,
_____ à ma plus sombre colère ! »

"나는 당신이 그곳에 들어가는 것을 금하오. 만약 당신이 그것을 연다면, 나의 격노를 예상해야 할 것이오."

② « _____ _____ _____, _____ _____ la porte _____, Barbe bleue ne saura jamais que j'ai ouvert cette porte. »

"어쨌거나, 일단 문이 다시 닫히고 나면, 푸른 수염은 내가 이 문을 열었다는 것을 절대로 알 수 없을 거야."

③ Ce sont _____ ____ _____ _____ de Barbe bleue qui avaient disparu _____ _____ _____.

그것은 바로 차례대로 사라졌던 푸른 수염의 모든 전 부인들이었어요.

5 동화에서 배운 표현을 활용하여 작문해 보세요.

나는 당신이 이 책들을 읽는 것을 금합니다.

➡ ....

Clés   lire v. 읽다 | livre n.m. 책

20-21강

푸른 수염 ❸

La Barbe Bleue

 오늘의 줄거리

ÉTAPE 1 **오늘의 주요 문장 미리 보기**

- « Puisqu'il faut mourir, donnez-moi un peu de temps pour une dernière prière. »

- « Ma sœur, regarde si nos frères viennent ! Ils m'ont promis qu'ils viendraient nous voir aujourd'hui. Fais-leur signe de se dépêcher. »

- Il est sur le point de lui donner un coup mortel lorsque les deux frères, qui sont mousquetaires, arrivent et abattent Barbe bleue.

동화 속으로!

원어민 음성 파일로 동화를 들은 뒤 한 문장씩 읽어 보세요.

« Rendez-moi les clefs. » ordonne Barbe bleue.

"내게 열쇠들을 돌려주시오." 푸른 수염이 말했어요.

La pauvre jeune femme lui tend le trousseau.

불쌍한 젊은 여인은 그에게 열쇠 꾸러미를 건넸어요.

« Pourquoi y a-t-il du sang sur la clef ? Vous êtes entrée dans la petite pièce ! Et bien vous aussi, vous allez y entrer et y rester pour toujours ! » tonne-t-il.

"열쇠에 왜 피가 묻어 있는 거요? 당신은 작은 방에 들어갔었군! 그렇다면 당신 또한 그곳에 들어가 영원히 거기 머물게 될 거요!" 푸른 수염이 고함을 쳤어요.

« Puisqu'il faut mourir, donnez-moi un peu de temps pour une dernière prière. » lui demande-t-elle.

"어차피 죽어야 한다면, 제게 마지막 기도를 위한 약간의 시간을 주세요." 부인이 그에게 부탁했어요.

« Je vous donne un quart d'heure et pas davantage. » dit Barbe bleue.

"당신에게 15분을 주겠소. 더 이상은 안 돼." 푸른 수염이 말했어요.

Vocabulaire

rendre **v.** 돌려주다 | ordonner **v.** 명하다, 명령하다, 질서를 바로잡다 | pour toujours 영원히 | tonner **v.** 천둥 치다, 천둥 같은 소리가 나다, (화가 나서) 고함을 치며 말하다 | puisque (전제된 사실에 기반, 주절의 행위를 정당화) ~니까, ~인 이상, ~이므로 | prière **n.f.** 기도, 간청 | quart **n.m.** 4분의 1, 15분(= un quart d'heure) | davantage **adv.** 더, 더 많이, 더 한층

 Tip | '왜냐하면'이라는 의미의 프랑스어 접속사는 여러 가지가 있습니다. 흔히 쓰이는 'parce que' 외에도 'car', 'puisque', 'comme'가 있지요. 이 접속사들 중 car는 문두에 올 수 없으며 comme와 puisque는 주로 문두에서 쓰입니다. puisque는 위의 어휘에도 나와 있듯이 당연한 것을 말할 때, 혹은 주절의 행위를 정당화할 때 사용됩니다.

Lorsqu'elle est seule, elle demande à sa sœur qui est en haut de la plus haute tour du château :

그녀가 혼자 남았을 때, 그녀는 성의 탑 가장 높은 곳에 있는 그녀의 언니에게 부탁했어요.

« Ma sœur, regarde si nos frères viennent ! Ils m'ont promis qu'ils viendraient nous voir aujourd'hui. Fais-leur signe de se dépêcher. »

"언니, 우리 오빠들이 오는지 봐! 그들은 오늘 우리를 보러 올 거라고 나에게 약속했어. 서두르라는 신호를 보내."

« Je les vois, » dit-elle, « mais ils sont encore loin. »

"오빠들이 보여, 하지만 아직 멀리 있어." 언니가 말했어요.

Barbe bleue monte au dernier étage et menace d'un couteau sa femme.

푸른 수염은 꼭대기 층으로 올라왔고, 칼로 부인을 위협했어요.

Il est sur le point de lui donner un coup mortel lorsque les deux frères, qui sont mousquetaires, arrivent et abattent Barbe bleue.

그가 그녀를 찌르려는 순간, 왕의 근위 기병인 두 오빠들이 도착하여 푸른 수염을 해치웠어요.

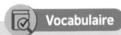 **Vocabulaire**

en haut de ~의 위에 | faire signe à ~에게 (수)신호하다, 손짓하다, 기별하다 | se dépêcher v. 서두르다 | étage n.m. (건물의 2층 이상의) 층, 2층, 위층 | menacer v. 위협하다, 협박하다 | coup n.m. 타격, 찌르기, 내리치기, 몸짓 | mortel(le) a. 치명적인, 죽음을 가져오는 | mousquetaire n.m. (왕의) 근위 기병

 en haut de에서 h는 우리가 흔히 보던 무음 h가 아닌 유음 h입니다. 유음 h는 연음되지 않는 것에 주의하세요!

「빨간 모자 ②」의 'Le Petit Chaperon Rouge, jura qu'à l'avenir, elle ne quitterait plus le chemin et ne parlerait plus au loup !'에서도 살펴보았듯이, 주절의 동사가 과거 시제라면 종속절의 미래 시제는 조건법 현재로 바뀝니다. 여기서도 'Ils m'ont promis qu'ils viendraient' 부분에서 원래 viendront이었던 단순 미래 시제가 주절의 복합 과거 시제로 인해 조건법 현재로 바뀐 것을 알 수 있습니다.

Comme Barbe bleue n'avait pas d'héritier, sa femme utilisa la fortune du monstre pour vivre une vie heureuse avec sa famille.

푸른 수염에게는 상속자가 없었기 때문에, 그의 부인이 이 잔혹한 남자의 재산을 사용하여 그녀의 가족들과 행복하게 살았어요.

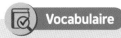 **Vocabulaire**

héritier(ère) n. 상속인, 계승자 | **fortune** n.f. 재산, 자산, 거액의 돈 | **monstre** n.m. 괴물, 괴수, 잔인한(비인간적인) 사람

앞서 살펴 보았던 접속사 Comme가 등장했습니다. 역시 문두에서 쓰였죠.

utilisa는 utiliser 동사의 단순 과거 시제입니다.

마무리하기

1 각 단어의 알맞은 뜻을 찾아 연결하세요.

① menacer　　　　•　　　　•　ⓐ 치명적인, 죽음을 가져오는

② mortel(le)　　　•　　　　•　ⓑ 위협하다, 협박하다

③ héritier　　　　•　　　　•　ⓒ 타격, 찌르기, 내리치기, 몸짓

④ faire signe à　　•　　　　•　ⓓ ~에게 (수)신호하다, 손짓하다, 기별하다

⑤ coup　　　　　•　　　　•　ⓔ 상속인, 계승자

2 괄호 안에 공통적으로 들어갈 대명사로 알맞은 것을 고르세요.

> « Vous êtes entrée dans la petite pièce ! Et bien vous aussi, vous allez (　　　)
> entrer et (　　) rester pour toujours ! »

① en　　　　　　　　　② le

③ y　　　　　　　　　④ l'

3 괄호 안에 들어갈 말이 알맞게 짝지어진 것을 고르세요.

> Lorsqu'elle est seule, elle demande à sa sœur qui est en (　　　　) de la plus
> (　　　　) tour du château.

① haute, haut　　　　② bas, basse

③ haut, bas　　　　　④ haut, haute

4 밑줄 친 부분에 들어갈 말을 쓰세요.

① « _____il faut mourir, donnez-moi un peu de temps pour une

_____ _____. »

"어차피 죽어야 한다면, 제게 마지막 기도를 위한 약간의 시간을 주세요."

② « Ils m'ont promis qu'ils _____ nous voir aujourd'hui.

_____ _____ de se dépêcher. »

"그들은 오늘 우리를 보러 올 거라고 나에게 약속했어. 서두르라는 신호를 보내."

③ Il _____ _____ __ _____ _____ lui donner un _____ _____ lorsque les

deux frères, qui sont mousquetaires, arrivent et abattent Barbe bleue.

그가 그녀를 찌르려는 순간, 왕의 근위 기병인 두 오빠들이 도착하여 푸른 수염을 해치웠어요.

5 동화에서 배운 표현을 활용하여 작문해 보세요.

> (내가) 너에게 15분 줄게, 그 이상은 안 돼.

➡ _____

....

줄거리, 작가 및 교훈을 확인하고 작품을 더욱 깊게 이해해 봅시다.

Le resumé   줄거리 요약

Barbe bleue, un homme très riche épouse une femme et lui fait promettre de ne jamais entrer dans une pièce fermée à clef. Cependant durant son absence, son épouse ne résiste pas et désobéit. Elle découvre alors des corps de femmes mortes. Son mari en revenant apprend cela et tente de la tuer, les frères de la jeune fille arrivent juste à temps pour la secourir.

promettre **v.** 약속하다 | désobéir **v.** 어기다, 거역하다 | tenter **v.** 시도하다

L'auteur   작가

- Charles-Perrault est né en 1628 et mort en 1703. Il vient d'une famille bourgeoise. Il a 6 frères et sœurs.

- C'est après la mort de sa femme en 1683 qu'il commence à écrire et retranscrire des contes oraux. Il décide d'écrire des contes pour les raconter à ses petits-enfants. Charles-Perrault écrit « Barbe- bleue » dans son livre « Les contes de ma mère l'oye » en 1697. Il devient célèbre de son vivant.

retranscrire **v.** 글로 옮기다, 다시 베껴 쓰다 | petit-enfant **n.** 손자 | oye [= oie] **n.f.** 거위

La moralité   교훈

- Selon Bruno Bettelheim, psychologue américain, le conte représente en fait l'infidélité de l'épouse et le crime du mari jaloux.

- Certains trouvent que l'histoire fait référence au péché d'Eve dans la Bible. La curiosité serait alors un défaut qui pour un plaisir temporaire donne des conséquences dramatiques.

infidélité **n.f.** (부부간의) 부정(不貞) | faire référence à **v.** ~을 참조하다 | péché **n.m.** 죄

십자말풀이 Les mots croisés

Horizontal

① Se poser des questions, rend curieux

③ Qui ne ment pas

⑥ Ce qu'on fait à l'église

⑧ Une maison immense, très riche

⑩ Qui n'est pas mouillé

Vertical

② Qui impressionne par l'importance, la grandeur

④ Pour ouvrir les portes

⑤ Rêver, penser

⑦ La richesse

⑨ Le mari

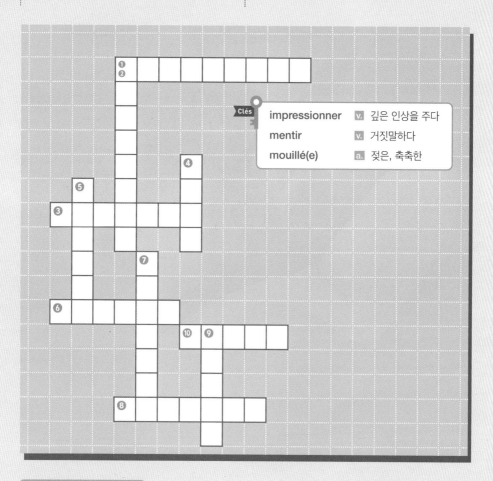

Clés

impressionner	v.	깊은 인상을 주다
mentir	v.	거짓말하다
mouillé(e)	a.	젖은, 축축한

Les mots croisés 정답

| Horizontal | ① intriguer | ③ honnête | ⑥ prière | ⑧ demeure | ⑩ séché |
| Vertical | ② imposant | ④ clef | ⑤ songer | ⑦ fortune | ⑨ époux |

Le Chat Botté

장화 신은 고양이

22강

장화 신은 고양이 ❶

Le Chat Botté

 오늘의 줄거리

ÉTAPE 1

오늘의 주요 문장 미리 보기

- « Mes deux frères pourront travailler grâce à leur moulin et à leur âne, mais moi que puis-je faire d'un chat à part lui faire chasser les souris ? »

- « Ne me sous-estime pas ! Je suis un chat bien malin, comme il n'en existe nul autre dans le monde. »

- Arrivé dans un bois, il dispose son sac en piège et part se cacher derrière un buisson.

동화 속으로!

원어민 음성 파일로 동화를 들은 뒤 한 문장씩 읽어 보세요.

Il était une fois un vieux meunier qui avait trois fils.

옛날 옛적에 세 명의 아들이 있는 한 늙은 방앗간 주인이 있었어요.

Lorsqu'il décéda, on apprit que son héritage était ainsi divisé : l'aîné reçut un moulin, le cadet, un âne et enfin le petit dernier un chat.

그가 죽었을 때, 그의 유산은 이렇게 나누어졌어요: 첫째는 방앗간을, 둘째는 당나귀 한 마리를, 그리고 마지막으로 어린 막내는 고양이 한 마리를 받았어요.

« Mon père ne m'aimait donc pas ! » gémit le benjamin.

"내 아버지는 나를 사랑하지 않으셨던 거야!" 막내가 한탄했어요.

« Mes deux frères pourront travailler grâce à leur moulin et à leur âne, mais moi que puis-je faire d'un chat à part lui faire chasser les souris ? »

"내 두 형제는 그들의 방앗간과 당나귀 덕분에 일을 할 수 있을 거야. 그런데 나는 그에게 생쥐를 사냥하게 하는 것 외에 고양이로 무엇을 할 수 있을까?"

Vocabulaire

meunier(ère) n. 제분업자, 방앗간 주인, a. 제분의 | **fils** n.m. 아들 | **héritage** n.m. 상속, 유산 | **diviser** v. 나누다, 분할하다 | **aîné(e)** a. 연장자의, 손위의, n. 장남, 장녀 | **moulin** n.m. 제분기, 방아, 방앗간 | **âne** n.m. 당나귀 | **gémir** v. 신음하다, [비유] 한탄하다, 울먹이다 | **benjamin(e)** n. 막내, 최연소자 | **à part** 별도로, 따로, ~을 제외하고 | **chasser** v. 사냥하다

décéda(décéder), apprit(apprendre), reçut(recevoir)는 모두 단순 과거 시제입니다.

프랑스인들의 이름으로 많이 쓰이기도 하는 'benjamin'이라는 단어는 '막내, 최연소자'라는 의미를 가집니다. 「인어 공주」에서 막내라는 뜻으로 쓰였던 'cadet(te)'라는 단어는 사실 기본적으로 '둘째의, 손아래의'라는 의미를 가진답니다. 하지만 '손아래의'라는 의미가 확장되어 '막내'라는 의미로도 쓰일 수 있으므로 'cadet(te)'는 '둘째'와 '막내' 모두 가능하다는 점 기억해 두세요!

Le chat entendant son maître répondit.

그의 주인의 말을 듣고 있던 고양이가 대답했어요.

« Ne me sous-estime pas ! Je suis un chat bien malin, comme il n'en existe nul autre dans le monde. Fais-moi confiance et tu deviendras plus fortuné que tes deux autres frères réunis. Donne-moi un sac et des bottes pour que je puisse parcourir la campagne ! »

"나를 과소평가하지 마! 나는 이 세상에 둘도 없는 아주 영리한 고양이야. 나를 믿어 봐, 그러면 너는 네 형들 두 명을 합친 것보다 더 부유해질 수 있을 거란다. 나에게 가방 하나와 들판을 두루 돌아다닐 수 있도록 장화를 줘."

Le jeune homme surpris d'entendre un chat parler, lui apporte ce qu'il réclame.

고양이가 말을 하는 것을 듣고 놀란 젊은이는 그가 요구한 것들을 그에게 가져다주었어요.

Aussitôt, le chat enfile ses bottes et met son sac sur l'épaule et court dans les fourrés.

고양이는 곧장 장화를 신고 가방을 어깨에 둘러메고 숲 속을 달렸어요.

 Vocabulaire

maître (maîtresse) **n.** 주인, 소유주 | sous-estimer **v.** 과소평가하다 | ne ~ nul(le) 아무런 ~도 | faire confiance 신뢰하다 | fortuné(e) **a.** 부유한, 유복한 | réuni(e) **a.** 결합된, 연결된, 합동의 | botte **n.f.** 장화 | parcourir **v.** 두루 돌아다니다 | réclamer **v.** (필요한 사람, 물건을) 요청하다, 요구하다 | aussitôt **adv.** 곧, 즉각, 곧장, ~하자마자 | enfiler (옷 따위를) 입다 | fourré **n.m.** 덤불숲, 잡목림

 sous-estimer는 말 그대로 '낮게 평가하다', 즉 '과소평가하다'라는 의미입니다. 반의어는 surestimer가 되겠죠. 이때 sous-estimer는 sous와 estimer가 붙임표(-)로 연결되지만 surestimer는 붙임표 없이 붙여서 쓴다는 점에 주의하세요.

우리는 일반적으로 'en'을 'de + 명사'를 받는 중성 대명사라고 알고 있습니다. 하지만 'de + 명사' 외에도 autre 뒤의 명사도 중성 대명사 en으로 받을 수 있습니다. 'Je suis un chat bien malin, comme il n'en existe nul autre dans le monde.'에서 en은 autre 뒤의 명사(chat)를 받은 것이지요. 따라서 자연스러운 해석은 '나는 이 세상에 둘도 없는 영리한 고양이야'가 되지만, 직역하자면 '나는 (나 같은) 다른 어떤 고양이도 존재하지 않을 만큼 영리한 고양이야'라고 말할 수 있겠습니다.

faire confiance à qn은 '~를 신뢰하다, 믿다'라는 의미입니다. 동의어로 'avoir confiance en qn'이 있는데, 이때는 전치사 en을 사용한다는 점에 유의하세요.

Arrivé dans un bois, il dispose son sac en piège et part se cacher derrière un buisson.

숲 속에 도착해서, 그는 그의 가방을 덫으로 두고 덤불 뒤에 숨으러 갔어요.

Il attend quelques instants, quand bientôt, deux jeunes lièvres s'aventurent dans le sac.

그는 잠시 기다렸고, 오래지 않아 어린 산토끼 두 마리가 가방 속으로 들어갔어요.

Le chat saute alors sur sa proie et referme le sac.

그러자 고양이는 그의 먹잇감 위로 뛰어올라 가방을 다시 닫았어요.

Il va alors au château et demande à voir le seigneur.

그리고 그는 성으로 가서 왕을 뵙기를 청했어요.

« Le marquis de Carabas m'envoie vous donner ce cadeau. » dit alors le chat, tendant les lièvres au roi.

"카라바 후작이 폐하께 이 선물을 드리기 위해 저를 보내셨습니다." 고양이가 왕에게 산토끼들을 내밀며 말했어요.

« Tiens donc, je ne connais pas ce marquis de Carabas, mais il est bien généreux ! Remercie-le pour moi. » lui répond le roi.

"오, 나는 이 카라바 후작이란 사람을 모르지만, 그는 아주 인심이 좋군! 그에게 고맙다고 전해주게." 왕이 고양이에게 대답했어요.

 Vocabulaire

disposer <u>v.</u> 배열하다, 배치하다 | piège <u>n.m.</u> (동물을 잡기 위한) 덫, 올가미 | buisson <u>n.m.</u> (관목의) 덤불, 수풀 | lièvre <u>n.m.</u> 산토끼, 수컷 산토끼 | s'aventurer <u>v.</u> 위험을 무릅쓰다, 모험을 하다 | sauter <u>v.</u> 뛰어오르다, 달려들다 | proie <u>n.f.</u> (육식 동물의) 먹이 | seigneur <u>n.m.</u> 영주, 제후, 귀족, 지배자 | marquis <u>n.m.</u> 후작 | tiens [감탄사] (놀람) 아니, 앗, 저런 | remercier <u>v.</u> (에게) 감사하다

 seigneur와 marquis가 나왔으니, 영주 계급의 작위를 나타내는 프랑스어 단어들을 살펴봅시다. 가장 높은 작위인 공작은 프랑스어로 duc이라고 합니다. 다음으로 후작 marquis과 백작 comte가 있습니다.

1 각 단어의 알맞은 뜻을 찾아 연결하세요.

① meunier(ère)　•　　　•　ⓐ 막내, 최연소자

② faire confiance　•　　　•　ⓑ 두루 돌아다니다

③ benjamin(e)　•　　　•　ⓒ (필요한 사람, 물건을) 요청하다, 요구하다

④ parcourir　•　　　•　ⓓ 제분업자, 방앗간 주인, 제분의

⑤ réclamer　•　　　•　ⓔ 신뢰하다

2 괄호 안에 들어갈 말을 순서대로 적은 것을 고르세요.

> Lorsqu'il décéda, on apprit que son héritage était ainsi divisé : (　　　　)
> reçut un moulin, (　　　　), un âne et enfin (　　　　) un chat.

① le petit, le cadet, l'aîné　　② l'aîné, le cadet, le petit dernier

③ le premier, le deuxième, l'aîné　　④ la cadette, l'aîné, la petite

3 괄호 안에 들어갈 형용사로 알맞은 것을 고르세요.

> « Tiens donc, je ne connais pas ce marquis de Carabas, mais il est bien (　　　)
> ! Remercie-le pour moi. » lui répond le roi.

① généreux　　② gêné

③ vicieux　　④ avare

4 밑줄 친 부분에 들어갈 말을 쓰세요.

① « Mes deux frères pourront travailler grâce à leur moulin et à leur âne, mais
moi _____ _____ _____ d'un chat __ _____ _____ faire chasser les
souris ? »

"내 두 형제는 그들의 방앗간과 당나귀 덕분에 일을 할 수 있을 거야. 그런데 나는 그에게 생쥐를
사냥하게 하는 것 외에 고양이로 무엇을 할 수 있을까?"

② « _____ ____ _____ _____ ! Je suis un chat bien malin, comme
__ _____ _____ _____ _____ dans le monde. »

"나를 과소평가하지 마! 나는 이 세상에 둘도 없는 아주 영리한 고양이야."

③ _____ dans un bois, il _____ _____ _____ __ _____ et part se
cacher derrière un buisson.

숲 속에 도착해서, 그는 그의 가방을 덫으로 두고 덤불 뒤에 숨으러 갔어요.

5 동화에서 배운 표현을 활용하여 작문해 보세요.

> 내가 내 물품들을 넣을 수 있도록 나에게 가방을 하나 줘.

➡

🔑 **Clés** | **mettre** v. 넣다, 두다 | **affaires** n.f.pl. 개인 소지품, 의류

정답 확인

1 ① ⓓ ② ⓔ ③ ⓐ ④ ⓑ ⑤ ⓒ **2** ② **3** ①

4 ① que puis-je faire / à part lui   ② Ne me sous-estime pas / il n'en existe nul autre

③ Arrivé / dispose son sac en piège

5 Donne-moi un sac pour que je puisse mettre mes affaires.

23강

장화 신은 고양이 ❷

Le Chat Botté

오늘의 줄거리

ÉTAPE 1

오늘의 주요 문장 미리 보기

- En réalité, il n'existe pas de marquis de Carabas, le chat ment et fait passer son pauvre maître pour un marquis.

- « Ce marquis de Carabas m'intrigue, il est tellement généreux, j'aimerais rencontrer votre maître au moins une fois ! » ne cesse de répéter le roi.

- Le jeune meunier, ainsi richement vêtu, a fort belle allure.

동화 속으로!

원어민 음성 파일로 동화를 들은 뒤 한 문장씩 읽어 보세요.

En réalité, il n'existe pas de marquis de Carabas, le chat ment et fait passer son pauvre maître pour un marquis.

사실 카라바 후작은 존재하지 않았어요. 고양이는 거짓말을 했고, 자신의 불쌍한 주인을 후작으로 가장시켰어요.

Le chat botté fier de son tour, retourne alors chez son maître, mais ne raconte rien.

자신의 꾀에 만족한 장화 신은 고양이는 주인의 집으로 돌아갔지만, 아무것도 말하지 않았어요.

Le lendemain et le surlendemain, il fait la même chose, une fois avec un faisan et une autre fois avec des perdrix.

다음날도 그 다음날도, 그는 같은 행동을 했어요. 한 번은 꿩을, 또 다른 한 번은 자고새를 왕에게 바쳤지요.

Le roi, agréablement surpris, le remercie toujours, et l'invite même à boire du lait au palais.

기분 좋게 놀란 왕은 그에게 계속해서 고마워했어요. 심지어는 그(고양이)에게 궁전에서 우유를 마실 것을 권하기까지 했죠.

« Ce marquis de Carabas m'intrigue, il est tellement généreux, j'aimerais rencontrer votre maître au moins une fois ! » ne cesse de répéter le roi.

"이 카라바 후작이란 사람이 나를 궁금하게 만드는군. 그는 정말 인심이 후해. 나는 적어도 한 번은 당신의 주인을 만나 보고 싶소." 왕이 계속해서 말했어요.

Vocabulaire

mentir **v.** 거짓말하다, 속이다 | faire passer pour ~로 몰다, ~로 가장시키다 | botté(e) **a.** 장화를 신은 | tour **n.m.** 일주, 재주, 징난, 책략, (일의) 진전, (일이 되어가는) 양상, 외관 | lendemain **n.m.** 다음날, 이튿날, 익일 | surlendemain **n.m.** 그다음 다음날 | faisan(e) **n.** 꿩, 장끼, 까투리 | perdrix **n.f.** 자고새 | agréablement **adv.** 기분 좋게, 즐겁게 | cesser de **v.** (~하는 것을) 멈추다, [ne (pas) cesser de] 계속해서 ~하다

demain은 오늘을 기준으로 다음날(내일)을 뜻하는 명사입니다. lendemain은 오늘이 아닌 시점에서 다음날을 말할 때 사용합니다.

Un matin, le chat botté apprend que le roi et la princesse font une promenade en carrosse à travers la campagne.

어느 날 아침, 장화 신은 고양이는 왕과 공주가 마차로 들판을 가로질러 산책을 나간다는 것을 알게 되었어요.

Il convainc alors son maître d'aller se baigner dans un étang.

그래서 그는 자신의 주인에게 연못에 목욕하러 가라고 설득했어요.

« Il fait bien froid, ce n'est pas un temps à aller se baigner. » rechigne le pauvre maître.

"날씨가 추워, 아직 목욕하러 갈 날씨가 아니야." 불쌍한 주인은 얼굴을 찌푸렸어요.

Son compagnon insiste tant que le jeune homme cède et va se baigner.

그의 친구(고양이)는 이 젊은이가 그의 뜻에 따라 목욕을 하러 가도록 끈질기게 졸랐어요.

Lorsque son maître est dans l'eau, le chat vole les vêtements qui étaient sur la berge et va les cacher dans des buissons.

그의 주인이 물 속에 들어갔을 때, 고양이는 둑에 있던 옷들을 훔쳐서 그것들을 덤불 속에 숨기러 갔어요.

À ce moment-là, le carrosse du roi passe, le chat se met à hurler : « Au secours ! À l'aide ! Un voleur a volé tous les vêtements de mon seigneur ! »

바로 그때, 왕의 마차가 지나갔고 고양이는 소리치기 시작했어요. "도와주세요! 도와주세요! 도둑이 내 주인의 옷들을 모두 훔쳐 갔어요!"

 Vocabulaire

convaincre **v.** 설득하다, 납득시키다 | se baigner **v.** 목욕하다, 해수욕하다 | étang **n.m.** 연못 | temps **n.m.** 때, 시기, 날씨 | rechigner **v.** 얼굴을 찌푸리다, (~에) 싫은 기색을 보이다 | compagnon **n.m.** 동무, 친구, 동료 | tant **adv.** ~할 만큼 | céder **v.** 양보하다, (~의 뜻에) 따르다 | berge **n.f.** 둑, 둑길 | se mettre à **v.** (~하기) 시작하다

 convaincre 동사는 동사 변화 형태가 특이하므로 기억해 두는 것이 좋습니다.
Je convaincs / Tu convaincs / Il, Elle convainc
Nous convainquons / Vous convainquez / Ils, Elles convainquent

rechigner 동사의 동의어로 'faire la grimace'라는 표현도 많이 사용합니다.

Le roi et la princesse, intrigués, font arrêter les chevaux.

호기심이 생긴 왕과 공주는 말들을 멈추게 했어요.

« Sire, des brigands ont dérobé les habits de mon maître, il ne peut sortir de l'eau tout nu ! » hurle le chat d'un air affolé.

"폐하, 강도들이 제 주인의 옷들을 훔쳐갔습니다. 그는 완전히 벌거벗어서 물에서 나오지 못하고 있어요!" 고양이가 미친듯이 소리를 질렀어요.

Le roi donne alors l'ordre que des vêtements soient donnés au marquis.

왕은 후작에게 옷을 주도록 명령을 내렸어요.

On fait porter à ce pauvre homme mouillé, tunique, pantalon, chaussures et manteau.

물에 젖은 이 불쌍한 남자에게 튜닉, 바지, 신발 그리고 망토가 입혀졌어요.

Le jeune meunier, ainsi richement vêtu, a fort belle allure.

이렇게 호화롭게 옷을 입힌 젊은 제분사는 매우 기품 있었어요.

Lorsque la princesse le voit, elle tombe aussitôt amoureuse. Le roi lui propose de le ramener jusqu'à chez lui.

공주는 그를 보자마자 사랑에 빠졌어요. 왕은 그에게 집까지 데려다 주겠다고 제안했어요.

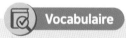 **Vocabulaire**

sire **n.m.** 전하, 폐하(군주에 대한 존칭) | brigand **n.m.** 강도, 산적, 도적 | dérober **v.** 훔치다, 숨기다, 은닉하다 | habit **n.m.** 옷, (복수) 의복, 복장 | nu(e) **a.** 벌거벗은, 나체의 | affolé(e) **a.** 미친 듯한, 얼 삐진 듯한 | donner l'ordre 명령을 내리다 | mouillé(e) **a.** 젖은, 축축한 | tunique **n.f.** 군인의 약식 제복, 무릎까지 내려오는 속옷 | richement **adv.** 부자답게, 화려하게, 호화롭게 | vêtir **v.** 옷을 입히다, (옷을) 입다 | allure **n.f.** 걸음걸이, 외관, 외양, 외모 | avoir belle allure 폼이 나다, 기품이 있다

donner l'ordre는 ordonner 동사와 같은 뜻으로, 두 표현 모두 que 종속절의 동사가 접속법 형태를 취합니다.

fort는 형용사 외에 부사로도 쓰일 수 있습니다. 'a fort belle allure'에서 fort가 allure를 수식하는 형용사였다면 여성형 forte로 쓰였겠죠? 여기서는 부사로서 très와 같이 '매우, 몹시'라는 뜻을 가집니다.

1 각 단어의 알맞은 뜻을 찾아 연결하세요.

① mentir ·   · ⓐ 훔치다, 숨기다, 은닉하다

② se baigner ·   · ⓑ 걸음걸이, 외관, 외양, 외모

③ allure ·   · ⓒ 목욕하다, 해수욕하다

④ dérober ·   · ⓓ 거짓말하다, 속이다

⑤ nu(e) ·   · ⓔ 벌거벗은, 나체의

2 괄호 안에 들어갈 convaincre 동사의 형태로 알맞은 것을 고르세요.

> Il (   ) alors son maître d'aller se baigner dans un étang.

① convaincu   ② convaincre

③ convaint   ④ convainc

3 괄호 안에 들어갈 말로 알맞은 것을 모두 고르세요.

> « (   ) ! (   ) ! Un voleur a volé tous les vêtements de mon seigneur ! »

① Au secours   ② Attention

③ À l'aide   ④ Au revoir

④ 밑줄 친 부분에 들어갈 말을 쓰세요.

① _____ _____, il n'existe pas de marquis de Carabas, le chat ment et
_____ _____ _____ _____ _____ _____ un marquis.

사실 카라바 후작은 존재하지 않았어요. 고양이는 거짓말을 했고, 자신의 불쌍한 주인을 후작으로
가장시켰어요.

② « Ce marquis de Carabas _____, il est tellement généreux,
j'aimerais rencontrer votre maître au moins une fois ! » _____ _____ _____
_____ le roi.

"이 카라바 후작이란 사람이 나를 궁금하게 만드는군. 그는 정말 인심이 후해. 나는 적어도 한 번은
당신의 주인을 만나보고 싶소." 왕이 계속해서 말했어요.

③ Le jeune meunier, ainsi richement _____, __ _____ _____ _____.

이렇게 호화롭게 옷을 입힌 젊은 제분사는 매우 기품 있었어요.

⑤ 동화에서 배운 표현을 활용하여 작문해 보세요.

> 다음날도 그리고 그 다음날도, 나는 같은 것을 했다.

➡

··

정답 확인

❶ ① ⓓ ② ⓒ ③ ⓑ ④ ⓐ ⑤ ⓔ ❷ ④ ❸ ①, ③

❹ ① En réalité / fait passer son pauvre maître pour ② m'intrigue / ne cesse de répéter

③ vêtu / a fort belle allure

❺ Le lendemain et le surlendemain, j'ai fait la même chose.

24-25강

장화 신은 고양이 ❸
Le Chat Botté

 오늘의 줄거리

오늘의 주요 문장 미리 보기

- Lorsque le carrosse s'arrête et que le roi intrigué, demande à qui appartiennent ces terres, tous les paysans répondent qu'elles appartiennent au marquis de Carabas.

- « J'ai entendu dire que sire est le meilleur magicien de ce pays ! »

- Le chat botté bondit sur la petite bête et n'en fait qu'une bouchée !

동화 속으로!

원어민 음성 파일로 동화를 들은 뒤 한 문장씩 읽어 보세요.

Le chat est heureux de sa réussite, mais son plan n'est pas encore terminé.

고양이는 자신의 성공에 행복했지만, 그의 계획은 아직 끝나지 않았어요.

Il court devant le carrosse et menace les paysans : « Dites que ces terres sont au marquis de Carabas ou je vous tuerai ! »

그는 마차를 앞서 달려가 농민들을 위협했어요: "이 땅들이 카라바 후작의 것이라고 말하시오! 그렇지 않으면 내가 당신들을 죽이겠소!"

Lorsque le carrosse s'arrête et que le roi intrigué, demande à qui appartiennent ces terres, tous les paysans répondent qu'elles appartiennent au marquis de Carabas.

마차가 멈추고 호기심 어린 왕이 이 땅들이 누구의 것인지 묻자, 모든 농민들은 그것들이 카라바 후작의 것이라고 대답했어요.

Le chat courant toujours devant sur le chemin arrive à un superbe château qui appartient à un horrible et sanguinaire ogre.

이번에도 길을 앞서서 달려간 고양이는 피를 좋아하는 끔찍한 식인귀의 소유인 멋진 성에 도착했어요.

Vocabulaire

réussite n.f. 성공 | **plan** n.m. 계획, 플랜 | **menacer** v. 위협하다, 협박하다 | **paysan(e)** n. 농부, 농민 | **appartenir à** v. ~에 속하다, ~의 것이다 | **sanguinaire** a. 유혈을 좋아하는, 살생을 즐기는 | **ogre (ogresse)** n. 식인귀

> paysan은 '농부, 농민'이라는 뜻도 있지만 '시골뜨기'와 같이 부정적인 뉘앙스로도 많이 쓰이는 단어입니다. 이러한 단어를 사용할 때는 주의하셔야 합니다.
> ───────────────────────────────
> 소유를 나타낼 때는 appartenir à 또는 être à를 쓸 수 있습니다.
> ex. C'est à moi. 그건 내 거야.

« J'ai entendu dire que sire est le meilleur magicien de ce pays ! » flatte le chat rusé.

"저는 전하께서 이 나라 최고의 마법사라고 들었습니다!" 꾀바른 고양이가 아첨했어요.

« Oui, vous avez raison, je peux me transformer en tout ce que je souhaite ! » se vante l'ogre.

"당신 말이 맞소, 나는 내가 원하는 모든 것으로 변신할 수 있다오!" 식인귀가 자랑했어요.

« Je crois que je suis meilleur magicien que vous, êtes-vous capable de vous transformer en lion ? » demande le chat.

"저는 제가 당신보다 뛰어난 마법사라고 생각하는데요, 당신은 사자로 변신할 수 있나요?" 고양이가 물었어요.

L'ogre voulant montrer ses talents, se change alors en un féroce et énorme lion.

자신의 능력을 보여주고 싶었던 식인귀는 사납고 커다란 사자로 변신했어요.

« Il est bien facile de se transformer en lion, mais en une souris, c'est presque impossible ! » provoque le chat botté.

"사자로 변신하는 건 쉽죠, 하지만 쥐로 변신하는 건 거의 불가능해요!" 장화 신은 고양이가 도발했어요.

L'ogre se transforme alors en une minuscule souris.

그러자 식인귀는 아주 작은 쥐 한 마리로 변신했어요.

Le chat botté bondit sur la petite bête et n'en fait qu'une bouchée !

장화 신은 고양이는 작은 짐승에게 달려들어 단숨에 그것을 먹어 치웠어요!

 Vocabulaire

magicien(enne) **n.** 마법사, 마술사 | flatter **v.** 아첨하다, 비위를 맞추다 | se vanter **v.** 자기 자랑을 하다 | lion **n.m.** 사자 | talent **n.m.** 재능, 재질 | féroce **a.** 사나운, 잔인한, 흉폭한 | énorme **a.** 거대한, 엄청난 | provoquer **v.** 도발하다, 부추기다 | minuscule **a.** 매우 작은 | bondir **v.** 뛰어오르다, 덤벼들다 | bouchée **n.f.** 한 입(의 양) | ne faire qu'une bouchée de ~ 단숨에 먹어 치우다, 해치우다

 '~으로 변하다'라는 표현은 'se transformer/changer + 전치사 en'을 사용합니다. 이때 전치사 en 다음에는 무관사 명사와 '부정 관사 + 명사' 모두 올 수 있습니다.

Le carrosse entre dans la cour du château et le roi en descend.

마차가 성의 안뜰에 도착하고, 왕이 마차에서 내렸어요.

« Mais à qui donc est cette demeure ? » interroge le roi.

"이 저택은 누구의 것이오?" 왕이 물었어요.

« Au marquis de Carabas mon seigneur ! » répond le chat.

"제 주군이신 카라바 후작의 것이랍니다!" 고양이가 대답했어요.

Le meunier devenu par la ruse et le mensonge marquis de Carabas épousera quelque temps plus tard la princesse.

거짓말과 계략으로 카라바 후작이 된 제분사는 얼마 후 공주와 결혼했어요.

Le chat botté, lui, deviendra grand seigneur et ils vivront tous très heureux.

장화 신은 고양이는 귀족이 되었고, 그들은 모두 아주 행복하게 살았어요.

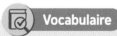 **Vocabulaire**

ruse n.f. 계략, 책략, 술책, 속임수 | **mensonge** n.m. 거짓말 | **grand seigneur** n.m. 귀인, 부호, 상류 계급의 인사, 귀족

 'Le carrosse entre dans la cour du château et le roi en descend.'에서 en은 'du carrosse'를 받은 중성 대명사입니다.

1 각 단어의 알맞은 뜻을 찾아 연결하세요.

① ogre (ogresse) •   • ⓐ ~에 속하다, ~의 것이다

② provoquer •   • ⓑ 도발하다, 부추기다

③ féroce •   • ⓒ 자기 자랑을 하다

④ se vanter •   • ⓓ 사나운, 잔인한, 흉폭한

⑤ appartenir à •   • ⓔ 식인귀

2 괄호 안에 들어갈 전치사가 알맞게 짝지어진 것을 고르세요.

> « Il est bien facile (   ) se transformer (   ) lion, mais en une souris, c'est presque impossible ! »

① à, sur   ② de, en

③ à, au   ④ du, pour

3 괄호 안에 들어갈 말이 알맞게 짝지어진 것을 고르세요.

> Le chat botté, lui, (   ) grand seigneur et ils (   ) tous très heureux.

① devienne, vivant   ② devenir, vivre

③ deviendra, vivront   ④ devenira, vivront

4 밑줄 친 부분에 들어갈 말을 쓰세요.

① Lorsque le carrosse s'arrête et que le roi intrigué, demande _ _____

_____ _____ _____, tous les paysans répondent

qu'elles _____ __ marquis de Carabas.

마차가 멈추고 호기심 어린 왕이 이 땅들이 누구의 것인지 묻자, 모든 농민들은 그것들이 카라바 후작의 것이라고 대답했어요.

② « _____ _____ _____ que sire est __ _____ magicien de ce pays ! »

"저는 전하께서 이 나라 최고의 마법사라고 들었습니다!"

③ Le chat botté _____ _____ la petite bête et _____ _____ _____

_____ !

장화 신은 고양이는 작은 짐승에게 달려들어 단숨에 그것을 먹어 치웠어요!

5 동화에서 배운 표현을 활용하여 작문해 보세요.

제가 당신보다 나은 기술자입니다.

➡

`Clés` technicien(ne) **n.** (특수 기술의) 전문가, 기술자

정답 확인

① ① ⓔ ② ⓑ ③ ⓓ ④ ⓒ ⑤ ⓐ   **②** ②   **③** ③

④ ① à qui appartiennent ces terres / appartiennent au   ② J'ai entendu dire / le meilleur

③ bondit sur / n'en fait qu'une bouchée

⑤ Je suis meilleur(e) technicien(ne) que vous.

ÉTAPE 4 **더 나아가기**

줄거리, 작가 및 교훈을 확인하고 작품을 더욱 깊게 이해해 봅시다.

Le resumé 줄거리 요약

Un jeune homme très pauvre reçoit un chat à la mort de son père. Ce chat est en réalité très malin et aide le jeune homme à réussir sa vie. Il offre des cadeaux au roi et raconte que son maître est un seigneur très puissant. Il va dans le château de l'ogre et par une ruse le dévore. Le jeune homme se marie avec la princesse et gagne le château et les terres.

L'auteur 작가

- Il existe plusieurs versions du « Chat botté ».

- La version la plus ancienne est celle de Giovanni Francesco Straparola. On sait très peu de chose sur lui. Il est italien et aurait habité à Venise.

- Il a écrit un livre appelé « Les nuits facétieuses » entre 1550 et 1553. Ce livre contient plus de 70 contes et histoires dont « Le chat botté ». Il raconte l'histoire d'une fête sur une île près de Venise où chaque invité raconte un conte et cela pendant treize nuits de fête.

- La version connue de nos jours est celle écrite par Charles Perrault et parue dans le livre « Les contes de ma mère l'Oye » en 1695.

---

facétieux(euse) **a.** 익살스러운, 농담을 잘 하는

La moralité 교훈

- Pour devenir riche il faut être rusé et malin.

- Les cadeaux les plus simples sont les plus précieux.

- Il ne faut pas donner de l'importance à l'image.

십자말풀이 Les mots croisés

Vertical

1. Qui n'est pas sec
3. Qui est cruel par instinct
5. Ce qu'on reçoit à la mort d'une personne
7. Lapin sauvage
9. Un voleur
10. Un bord d'une rivière

Horizontal

2. Trop complimenter pour chercher à plaire
4. Sauter
6. Râler, faire sans vouloir
8. Demander une chose ou un service

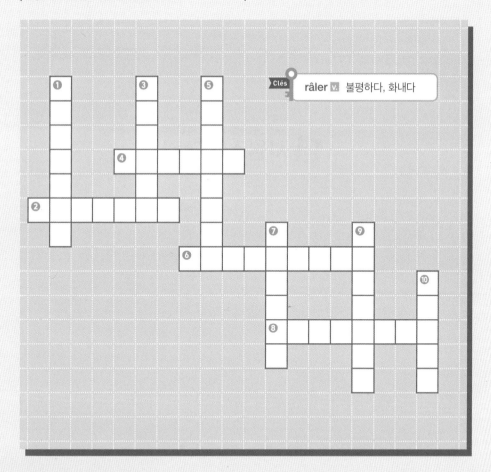

Clés **râler** V. 불평하다, 화내다